Coaching

A Arte de Soprar Brasas

Tradução
Maya Reyes

Supervisão Técnica
Dr. Jairo Mancilha

LEONARDO WOLK

Coaching

A Arte de Soprar Brasas

QUALITYMARK

Direção Editorial
SAIDUL RAHMAN MAHOMED
editor@qualitymark.com.br

Produção Editorial
EQUIPE QUALITYMARK

Capa
WILSON COTRIM

Editoração Eletrônica
MS EDITORAÇÃO

1ª Edição: 2008
1ª Reimpressão: 2010
2ª Reimpressão: 2012
3ª Reimpressão: 2013
4ª Reimpressão: 2016

CIP-Brasil. Catalogação-na-fonte
Sindicato Nacional dos Editores de Livros, RJ

W843c

Wolk, Leonardo

Coaching: a arte de soprar brasas / Leonardo Wolk ; [tradução Maya Reyes]. – Rio de Janeiro : Qualitymark Editora, 2016.
216p.

Tradução de: Coaching : el arte de soplar brasas
Apêndice
Inclui bibliografia
ISBN 978-85-7303-744-9

1. Administração de pessoal. 2. Profissões – desenvolvimento. 3. Programação neurolinguística. I. Título

07-3790

CDD 658.3124
CDU 658.310.845

2016
IMPRESSO NO BRASIL

Qualitymark Editora Ltda.
Rua Teixeira Júnior, 441 – São Cristóvão
20921-405 – Rio de Janeiro – RJ
Tel.: (21) 3295-9800
Fax: (21) 3295-9824
www.qualitymark.com.br
E-mail: quality@qualitymark.com.br

*A Diego e Fernando, meus filhos,
com quem aprendi a conjugar o verbo amar.*

Agradecimentos

Este texto é o resultado não apenas de estudos acadêmicos, mas também da peregrinação e da experiência de muitos anos. Em minha travessia, encontrei uma infinidade de guias, acompanhantes, aliados e desafios. Cada um deles deixou em mim sua marca e sua sabedoria.

Ao meu pai e sua nobreza, à minha mãe e sua vontade de viver, às minhas irmãs.

À Célia Riskin, a quem admiro humana e profissionalmente; muito afetuosa companheira de trilhas, de sonhos, de vida e que possui a profunda habilidade de enxergar para além das minhas máscaras.

Às instituições, empresas, organizações e pessoas que as formam, que confiaram em mim, dando-me a oportunidade de compartilhar meus aprendizados.

Aos meus pacientes, pelo privilégio que me outorgaram ao compartilhar sua existência. Lamento não poder mencionar todos pelos seus nomes, até porque mantenho todos presentes. Também, é claro, aos meus *coachees*, alunos e ouvintes dos meus cursos que, com seu entusiasmo e desejo de aprender, souberam muitas vezes soprar minhas próprias brasas, emprestando sentido às minhas ações.

A Rafael Echeverría, pela generosidade com a qual contribuiu com meu texto.

A Yudi Yozo, colega e amigo que generosamente me abriu as portas do irmão Brasil, assim como Doralício S. Filho, Inés Cozzo Olivares e muitos mais.

À Diana Sirotzky, que compartilhou minhas primeiras idéias e com muito carinho me guiou até Carolina.

À Estela Falicov, editora, e Carolina, Verónica e Michelle Kenigstein. Todas fazem o coração da GranAldea Editores dignificando o nobre ofício editorial com a sua entrega.

À Mónica Alhadeff, por sua autenticidade, presença e vitalidade. A Mario Fiochi, Horácio Cortese, Juanma Vasallo e Marcelo Romio, por compartilharem de nossa mesa de machos nem tão machos.

A Fred Kofman e Jeremy Klein, pelo tempo e conhecimento compartilhado.

A Mario Corsunsky, pela fraternidade, respeito e aceitação, e a José Rosenblatt, pela amizade. À Mónica Hochman e a Betty Siskind, ainda tão presentes.

A todos, meus mais sinceros e profundos agradecimentos.

Leonardo Wolk

Prefácio

A essência do *coaching* está no trabalho com as metas do cliente e no desenvolvimento de competências para alcançá-las. O *coaching* visa liberar o potencial de uma pessoa para sua performance e ajudá-la a aprender em vez de ensiná-la. O *coach* desempenha muito o papel de facilitador da aprendizagem e faz mais perguntas do que dá respostas.

No *Coaching: A Arte de Soprar Brasas*, Leonardo Wolk define o *coach* como "um soprador de brasas", líder, detetive, provocador e alquimista e, o *coaching* como um processo de aprendizagem transformacional, de assumir responsabilidade, maximizar a consciência e a autoconfiança.

O livro aborda vários processos de *coaching*, incluindo as bases do *coaching* ontológico e do psicodrama aplicado ao *coaching*. Ele apresenta ênfase em relacionamento, linguagem, emoção e acentua não só a expansão da capacidade de ação da pessoa, mas que essa expansão é conseqüência da modificação do tipo de observador que a pessoa se torna no processo. Enfatiza também que para crescer, mudar e transformar é necessário revisar sistemas de crenças e modelos mentais, e que para isso ajuda muito estar "na mente do aprendiz".

A leitura do livro será de grande apoio para quem lida com pessoas, não só como *coach*, mas também como líder, gerente e terapeuta. Quem está buscando crescimento e desenvolvimento pessoal também se beneficiará do livro.

Dr. Jairo Mancilha

Diretor do InCoaching – Instituto Internacional de Coaching

www.incoaching.com.br

Sumário

Introdução

O paradoxo daquilo a que chamamos de introdução é que geralmente ela é a última coisa que escrevemos. Pelo menos foi o que aconteceu comigo.

O desejo de escrever e a ilusão de publicar um livro de minha autoria é algo que sempre me acompanhou. No entanto, acostumado a pensar psicodramaticamente em cenas, meu desejo e eu não estávamos sós. Havia uma terceira pessoa em discordância: este crítico interno, "estraga-prazeres" e boicotador que me dizia: "O que vai escrever? Para quê? Se tudo já foi dito". Também apareciam em cena os aliados, sob forma de alunos, colegas, amigos e mestres, que me consolavam dizendo: "Ânimo! Você tem o saldo de tantos anos de trabalho, a experiência de milhares de sessões...".

Mas escrever é se expor às críticas, à inveja, a mostrar minha incompletude, eu retrucava, ao que um de meus interlocutores, personificado em Moreno, o criador do Psicodrama, respondeu: "Espontaneidade e criatividade são dois aspectos que todos nós trazemos ao nascer, não aborte o seu potencial criador". Logo se somou a ele Tato Pavlovsky, um de meus mestres, que a partir de um texto me dizia: "Defenda o seu pensamento criador acima de tudo e, então, você será uma pessoa, e somente como uma pessoa completa você poderá ser *coach* de outros. Se não for assim, dedique-se a outras coisas".

Escrever – penso eu – também é me expor à possibilidade de mudar ou destruir a imagem que os outros têm de mim. Sinto medo, e entre as minhas memórias se impõe uma lembrança dos anos 80, quando tendo terminado uma de minhas formações profissionais em técnicas corporais, eu tinha de dar uma aula. Falei com minha instrutora em particular, contando-lhe meus temores e sobre o pânico de me expor ao ridículo ou de aborrecer meu público. Então, ela me disse: "O medo faz você se sentir menos livre e menos audaz. Não se preocupe com o público, divirta-se com o que você faz e eles serão contagiados". E assim foi! Tempos depois, compreendi que a criação pressupõe liberdade total. Esforçar-me para que não mudem de opinião só me enche de insegurança, sofrimento e falta de liberdade. Apegarmo-nos à imagem que os outros têm de nós – e que pode mudar com muita facilidade – nos transforma em um ser controlado pelo poder que delegamos. Ser *coach* – muito pelo contrário – é colaborar para que cada um assuma o poder que está em suas mãos. Isso é liberdade, sem o medo de ser autêntico.

Um sábio mestre chamado Lin estava deitado em seu leito de morte, rodeado por seus discípulos. Chorava desconsoladamente e ninguém conseguia confortá-lo.

Um de seus alunos lhe perguntou: "Mestre, por que está chorando? Se você é quase tão inteligente quanto o patriarca Abraão e tão bondoso quanto o próprio Buda!"

Ao escutar isso, o ancião Lin respondeu: "Quando eu partir deste mundo e comparecer frente ao tribunal celestial, ninguém me questionará porque não fui inteligente como Abraão e bondoso como Buda. Pelo contrário, a pergunta que me farão será: 'Lin, por que não foste como Lin? Por que não exerceste todo o teu potencial? Por que não seguiste a tua própria trajetória pessoal?'"

Este livro propõe uma forma pessoal de entender o *coaching* em uma síntese integradora, que é o resultado do meu próprio caminho profissional. Está construído sobre a base de concepções e aportes pessoais que fui elaborando no decorrer dos meus cursos e práticas, somados a outros desenvolvimentos de muitos mestres no tema, como Fernando Flores, Rafael Echeverría, Fred Kofman, Julio Olalla, Humberto Maturana, entre outros, com alguns dos quais tive a oportunidade e o privilégio de aprender e trabalhar.

Corrigindo meu crítico interno – que tentava me sufocar e me roubar a liberdade –, uma noite disse a mim mesmo: "Não! Nem tudo está dito. Ou pelo menos não por mim!" Sartre dizia que a vida de uma pessoa se desenvolve em espirais; passamos repetidamente pelos mesmos pontos, mas em planos distintos de integração e complexidade. Hoje, apropriando-me de suas palavras, eu acrescentaria que passamos por esses pontos com pontos de observação diferentes.

E comecei a escrever estes textos com o mesmo espírito com o qual dei aquela aula nos anos 80. Com a humildade de tentar compartilhar desenvolvimentos conceituais sobre a teoria e a prática do *coaching*, aprendizagem, reflexão, experiências de vida pessoais e profissionais que no decorrer dos anos fui revirando em meus cursos, enriquecido pelas valiosas contribuições dos meus mestres, alunos e *coachees*. Passo pelos mesmos lugares, mas a partir da minha original, singular e específica forma de ver e de interpretar o *coaching*.

Sinto certa indignação e enjôo quando inquisitorialmente algum novo fanático do *coaching* me pergunta: "Qual a sua orientação? Você é ontológico?" Então, lembro-me de um ditado: "Não há pior fanático que os recém-convertidos", e desconcertando o meu ocasional e confuso interlocutor somente respondo: "Minha orientação é 'Wolkeana' (assim chamado por mim) ou folclórica". Essa concepção responde à crença de que, em geral, as diferentes orientações – apesar de coincidirem em muitos aspectos – têm desenvolvimentos interessantes e conceitualizações úteis. A articulação das mesmas com os desenvolvimentos pessoais é o produto resultante. Muitas coisas vêm acontecendo no país e no mundo – muito sangue derramado em nome de dogmas e fundamentalismos – que me impedem de ser tolerante com aqueles que pretendem dividir entre bons e maus, ontológicos e não-ontológicos, puristas que brigam pelo poder e a paternidade dos conceitos, e dividem mais do que somam. São dogmatismos que impedem a evolução e a superação. O sectarismo é contrário ao próprio espírito e à ética do *coaching*.

Tive o privilégio de ter passado por numerosas aprendizagens. Senti sempre paixão por aprender e vocação de ensinar, tentando sempre me manter na mente do aprendiz. Estar aberto à aprendizagem me permitiu abrir-me a diferentes correntes de pensamento. Nem todas me agradaram; algumas me assombravam, e perante outras me sentia fascinado como uma criança frente a uma loja de guloseimas.

Este livro é o resultado de um longo processo no qual aprendi a nutrir-me de conhecimentos, e também a filtrar e a descartar; criei reflexões pessoais; articulei conceitos de diferentes escolas provenientes do campo da lingüística, da filosofia, da psicologia, da aprendizagem transformacional e das teorias dos sistemas e da comunicação, o que me permite falar de uma concepção sintetizadora e sinergética que pretende ser mais que a soma das partes. Não é melhor nem pior que outras abordagens. Isso são juízos que dizem mais de quem os emite do que aquilo do qual se fala. Cada *coach* escolhe aquela teoria e aquela prática que mais lhe convém ("vem com ele"). Eu defendo o pluralismo e sustento que, ainda que as teorias não sejam validadas por outros, não significa que não sejam válidas.

O que vem a seguir é a expressão daquela orientação que vem comigo, com a vontade de compartilhar e colaborar para a formação e o treinamento de quem sente desejo, coragem e paixão por ser *coach*.

Este livro é dirigido a quem quer aprofundar o conhecimento desta disciplina, que agrega ferramentas poderosas para o desenvolvimento pessoal e organizacional. No mundo das organizações para um novo século, a figura do chefe/gerente está mudando para a do líder/facilitador e o *coaching* se constitui em uma poderosa ferramenta para gestar um mundo diferente. Nesse sentido, também entendemos o *coaching* como uma competência de liderança e gerenciamento. O líder-*coach* é um guia e companheiro de seus liderados diretos e deve dividir com eles as competências, os valores e as convicções. Como me disse Áurea Castilho em uma conversa pessoal, "deve compreender o negócio e assumir a nobreza de liderar pessoas e equipes".

O uso predominante do gênero masculino ao longo do texto responde exclusivamente à necessidade de simplificar a redação. Este livro fala de mulheres e de homens, quaisquer que sejam suas tarefas e responsabilidades.

Estrutura da Obra: Plano de Ação

Convido-o, estimado leitor, estimada leitora a iniciar uma travessia pelos caminhos da aprendizagem sobre o *coaching*. Esse trajeto, nas palavras de Joseph Campbell, transforma-se em uma "Jornada do Herói", um caminho de transformação pessoal que começa a partir do desejo do protagonista ou de certa insatisfação que o impulsiona a uma busca. É nessa inquietude que encontrará desafios e também aliados. Penetrará em labirintos e profundezas até emergir vitorioso e voltar à sua comunidade para contribuir com ensinamentos e sabedoria.

Considerando o leitor protagonista ante o desafio de aprender, tentarei transformar-me em uma espécie de guia acompanhante durante o percurso; sem dúvida, não compartilharei apenas conhecimentos, mas também farei descobertas e novas aprendizagens. A ordem do livro apresenta uma seqüência progressiva. Isso significa que o texto de cada capítulo se constitui no contexto que facilitará a compreensão do capítulo seguinte. Entre uns e outros, existirão fios condutores que irão articulando conceitos, desenvolvimentos teóricos e ferramentais, relatos, exemplos práticos etc., que, didaticamente, nos conduzirão na busca até chegar ao encontro.

O Capítulo I se refere ao conceito do *coaching como a arte de soprar brasas*, seu campo de intervenção, sua distinção de outras disciplinas e também ao conceito e ao papel do *coach*.

No Capítulo II, apresentarei o que denomino *idéias fundamentais: aprendizagem e respons(h)abilidade*. O *coaching* como processo de aprendizagem, e a responsabilidade como atitude pessoal frente às circunstâncias do indivíduo na vida.

O Capítulo III aprofunda o tema da *aprendizagem com processo de transformação pessoal*. Temos uma forma de estar no mundo e também, através do nosso sistema de crenças, de interpretá-lo dando-lhe sentido. No *coaching*, produz-se uma transformação que envolve o observador que cada um de nós é, e é isso que determina a mudança em nossas ações e em nossos resultados.

Ao longo do livro, falaremos de três domínios: linguagem, corpo e emoção. O Capítulo IV entra no domínio da *linguagem*. A linguagem não só é descritiva, como também é geradora e coordenadora das ações. Linguagem é ação. O *coaching* é um processo fundamentalmente dialógico. Apresentamos nesse capítulo distinções da linguagem e as principais ferramentas dialógicas, sua metodologia e aplicações, para a escuta e a intervenção do *coach*. Constituem, em conjunto, diferentes técnicas para desenhar, analisar e redesenhar conversas com o objetivo de incrementar a efetividade tanto no âmbito pessoal como em novas interações.

Passamos ao Capítulo V, no qual nos introduzimos na *técnica e prática do coaching*. Nele, falo sobre quatro etapas e sete passos do processo do *coaching* e finalizo exemplificando o desenvolvimento completo de uma sessão de *coaching* com guias para a intervenção do *coach*.

O Capítulo VI se refere ao domínio do *corpo*, também como linguagem. Relacionando os dois, faço algumas aproximações com o conhecimento da linguagem corporal e sua importância no processo de *coaching*.

O Capítulo VII, sobre *a linguagem das emoções*, refere-se ao domínio e as emoções. Igualmente aos temas dos capítulos anteriores, também aqui apresento um guia para a intervenção do *coach*, com ferramentas que permitem desenvolver competências para analisar e integrar o universo emocional.

No Capítulo VIII, sobre *coaching e psicodrama*, mostro um repertório possível de técnicas de ação, com referências, sobretudo, a procedimentos e técnicas dramáticas.

O Capítulo IX desenvolve o tema da *ética no coaching*.

E no Capítulo X, por meio de uma *carta aberta*, incluo minhas últimas reflexões junto com as notas e as observações – não menos importantes – que haviam sido semeadas e não colhidas durante a travessia.

Capítulo I
A Arte de Soprar Brasas

"A mente não deve encher-se como um recipiente,
mas acender-se como o fogo."
Plutarco

O que é o *Coaching*

Muitas vezes, querendo saber o que é o *coaching*, perguntam-me: "Qual é o seu trabalho? O que faz um *coach*?" Respiro profundamente, relembro situações e muitas pessoas que fazendo *coaching* "despertaram" o melhor de si, e frente ao olhar atônito do meu interlocutor, respondo: "O *coach* é ... um soprador de brasas".

O que quero expressar com isso? O livro do *Gênesis* diz: "Então Deus disse: 'façamos o homem à nossa imagem e semelhança'. Então Jeová Deus fez o homem do barro e soprou em seu nariz o hálito da vida, e assim o homem viveu". Muitos se perguntam, por que Deus fala no plural? Para quem Ele falava se tudo existiu a partir do nada? Alguns dizem que falava com os anjos, outras interpretações dizem que Ele o fazia com seres de outras galáxias. De acordo com algumas leituras[1], prefiro a interpretação que diz que Deus está falando com o próprio ser humano e com sua condição de incompletude. É ele que, com seu próprio esforço, deve percorrer o caminho da completude, como se Deus dissesse: "Posso criar seres perfeitos, mas este não é o meu con-

[1] A. Tversky, *Hagamos un hombre*, citado por Benjamin W. Nudel en *Moreno e o Hassidismo*, Agora, São Paulo, 1996, p. 26.

ceito de homem" (ou de *ser*). O indivíduo recebe assim um sopro vital, uma alma divina que o diferencia do resto da criação. O conceito é o de um ser humano criador e auxiliar de Deus na criação. No século XX, o filósofo alemão Martin Heidegger dirá que esse ser que se pergunta pelo ser não será outro senão o ser humano. Tem de ser responsável por si mesmo, e a forma com que o faça comprometerá toda a sua existência. Sartre e muitos outros falaram, portanto, do homem destinado e condenado a ser livre e a escolher suas próprias ações.

Criatividade e espontaneidade – segundo Jacobo L. Moreno – são aspectos que todos nós trazemos ao nascer, ainda que deixemos logo que a sociedade ou a cultura limite seu desenvolvimento. Ambos fazem parte também de uma filosofia da aprendizagem. A espontaneidade (do latim, *sua sponte* = de dentro) é a resposta adequada a uma nova situação ou a uma nova resposta a uma antiga situação. Sem espontaneidade, não existe criatividade. A espontaneidade opera como um catalisador ou como uma enzima. Criando, o indivíduo pode converter-se – à semelhança – em um Deus.

O ser busca a liberação dessa espontaneidade, mas, pela sua incompletude, vulnerabilidade, insegurança, também busca a (aparente) segurança da não-mudança. Agarrando-se às "convenções culturais" (produto da sua educação) põe obstáculos em seu crescimento para evitar o sofrimento de aprender (expandir a capacidade de ação efetiva).

Ao longo dos anos, trabalhei com pessoas inteligentes, brilhantes, excelentes profissionais, com *expertise* em suas respectivas áreas, que se consultaram comigo ao se sentirem presas, desmotivadas e com sentimentos de incompetência ante as circunstâncias difíceis ou alternativas de risco. Uma das minhas primeiras interrogações como *coach* é perguntar a eles como se viam no início de suas vidas profissionais, quais eram seus sonhos. Muitas vezes, consigo ver algo como um fogo sagrado, olhos que se iluminam como brasas de ilusão. Então, penso: "Isso não se perdeu! Aí está! Quase apagado... mas aí está! O conhecimento e a paixão ainda perduram". No Brasil, aprendi com meus alunos que a tradução para despertar é *acordar**. Despertar para recordar. É por isso que, em uma primeira definição poética e espiritual, defino

* N.T.: Em espanhol, acordar significa somente "entrar em acordo".

o *coach* como um soprador de brasas. Como um sócio facilitador da aprendizagem, que acompanha o outro na busca de sua capacidade de aprender para gerar novas respostas. Soprar brasas para reconectar o humano com seu Deus perdido.

"O melhor que podes fazer pelos demais não é mostrar-lhes tuas riquezas, mas sim fazê-los ver sua própria riqueza."

Goethe

COACH: LÍDER, DETETIVE, PROVOCADOR E ALQUIMISTA

"A função de um maestro é animar os músicos, ensiná-los, guiá-los e inspirá-los para que eles possam conseguir o melhor de si mesmos."

Daniel Barenboim

As circunstâncias para que uma pessoa decida iniciar um processo de *coaching* podem ser as mais diversas: uma crise pessoal, um conflito interpessoal ou alcançar um objetivo profissional. O objetivo será sempre em cima de abrir possibilidades de ação e que a pessoa no processo de *coaching* (*coachee*) assuma o poder que está em suas mãos. Essa resposta nova ou diferente também será conseqüência de uma transformação pessoal.

Em inglês, a palavra *coach* significa "treinador". Proveniente do mundo dos esportes, sua prática se estendeu aos âmbitos empresariais, organizacionais e educativos. (*Não concordo muito com o conceito de treinador. Tenho tentado encontrar outra terminologia, mas até o momento não encontrei aquela forma definitiva que me convença. Dado que a designação* coach *já se universalizou, é essa que eu continuarei usando por enquanto neste livro.)*

O *coaching*, mais que um treinamento, é entendido como uma disciplina, uma arte, um procedimento, uma técnica e, também, um estilo de liderança, gerenciamento e condução. Pessoalmente, eu o compreendo como "um processo de aprendizagem".

- *Ontológico*, porque trata do sentido do ser. O sentido do ser enquanto pessoa e o sentido da existência da linguagem enquanto constitutiva do ser humano. O mundo é entendido como um espaço de possibilidades no qual a linguagem – tema que abordaremos posteriormente – gera realidades. Em outras palavras, interessa-se pelo modo particular de ser das pessoas. Distingue-se da ontologia da linguagem e opera – essencialmente, mas não exclusivamente – mediante ferramentas dialógicas.
- *Transformacional*, também chamo de existencial, porque postula que "nada ocorrerá sem transformação pessoal". Desse modo, tem o sentido daquilo que transmuta. Faço uma distinção entre o que é experiência e o que é alquimia. Pessoalmente – e acredito que não tenha acontecido com todo mundo –, vivi situações nas quais disse a mim mesmo: que boa ou má experiência. Refiro-me a experiências nas quais estive ou fui e voltei da mesma maneira (meu pai, com sua simples e profunda filosofia caseira, vivia me dizendo que se levasse um cavalo a Roma ele mesmo iria trazê-lo de volta). Em oposição, é alquimia aquela experiência que produz em mim não apenas aprendizagem (coisa que por si só é muito valiosa), mas também transformação. Pessoalmente, acredito que é um tanto quanto pretensioso falar aqui de uma "transformação do ser". Sustento que no processo do *coaching* – como processo de aprendizagem que é – o que acontece é que "transformaremos o tipo de observador que somos", porque considero que é mais correto dizer que se produz uma alquimia da consciência do observador. Esse processo transforma nossa forma de estar no mundo, já que, ao mudar nossa forma de observar, podemos modificar também nossa maneira de atuar, de operar no mundo. Por conseqüência, nossos resultados também serão diferentes. Trata-se, então, não apenas de aprender ou saber, mas de também perguntarmos "quem quero ser". É aprendizagem mais transformação.

Muitas vezes – jogando com as palavras –, digo que meu papel como *coach*, mais do que "facilitador", é de "provocador". O *coach*, sendo um provocador, constitui-se como um facilitador de aprendizagem. O *coaching* é um processo provocador e desafiante, já que requer questionar (e questionar-se) as estruturas rígidas de nossa forma particular de ser e nossas antigas concepções de "como se deve fazer as coisas no mundo das organizações". Nas palavras de Peter Senge, "as pessoas não resistem à mudança. Se resistem é a serem mudadas". O *coaching* é um convite à mudança, a ser mudado, a pensar diferente, a revisar nossos modelos e – como diz um amigo – a aprender a liderar com a mesma naturalidade com a qual a água desce da montanha.

Como veremos aprofundadamente durante o decorrer deste livro, o papel do *coach* é multifacetado. É aqui onde o detetive se soma ao processo. Como tal, envolve-se ativamente, investigando, indagando, buscando os indícios mais certeiros para encontrar as pistas na narrativa do *coachee*. Atento a tudo, sem perder o rastro, como um bom cão farejador e sem dar importância aos detalhes, ajuda a reconstruir os caminhos utilizando – entre outras ferramentas – não apenas a indução, mas também a intuição. Como veremos mais adiante, o detetive não é juiz; trata-se de investigar, não de julgar.

Nesse sentido, o *coaching* representa uma poderosa ferramenta para desenhar o futuro e gerar um mundo diferente. Estar no papel de *coachee* e aprender a ser *coach* dos outros constitui, hoje, uma competência gerencial e um novo estilo de liderança e gestão. O líder-*coach* não apenas expande suas habilidades e competências, mas também motiva, potencializa e enriquece o trabalho da equipe.

Qualquer que seja nosso papel em uma organização ou em nossa vida pessoal (supervisor, gerente, esposo, amigo, líder), as capacidades dialógicas, o conhecimento de si mesmo e o aprender a aprender ajudam a gerar mudanças nas pessoas, nos vínculos e nas organizações. As mudanças em uma organização não perduram se não estão ancoradas nas pessoas que a compõem, nos seus sistemas de crenças, nos seus valores, em seus modos de perceber o mundo, no modo que se relacionam e na forma que assumem responsabilidade.

Entendendo que somos seres lingüísticos, emocionais, corporais e de ação, o *coaching* articula elementos da lingüística, da filosofia, da biologia e da psicologia. Pensamento sistêmico, inteligência emocional, corporalidade, *desempenho de papéis* e aspectos cognitivos estão também intimamente relacionados em sua prática e aplicação.

Na sessão de *coaching* – que também pode ser em dupla ou em grupo – o *coach* não indica ao outro (*coachee*) o que fazer, ou como deve ser a ação. Mas opera no domínio da linguagem, da conversa e também nos domínios corporal e emocional. Entre *coach* e *coachee* se estabelece um vínculo e uma relação íntima e confidencial com o objetivo de expandir a capacidade de ação efetiva em um âmbito específico ou em uma determinada situação. O *coaching* é um processo bem definido, com início e fim, estabelecendo metas claras e determinando ações para alcançar os resultados desejados.

Essencialmente, é concebido como uma relação entre duas pessoas, mas, na minha experiência, ser *coach* de um grupo ou de uma equipe não apenas é possível, como também profundamente enriquecedor. Aqui também se faz imprescindível a construção de um contexto de confiança e confidencialidade adequado, assim como o estabelecimento de normas elementares de respeito mútuo. Um fator-chave nesse tipo de intervenção é o conceito de universalidade. No *coaching* individual ou em dupla, muitas – senão todas – pessoas em processo de *coaching* revelam pensamentos, sentimentos e fantasias que as fazem se sentir únicas em sua desgraça e muitas vezes alimentam um sentimento de culpa por isso. Compartilhar gera alívio (*catarsis* = limpar) e, além disso, abrem-se possibilidades de ação. Não se trata apenas de fazer catarse e universalizar.

No *coaching* grupal, para além da aprendizagem pessoal, acontece, também, coesão entre os integrantes do grupo e aprendizagem interpessoal. Em uma equipe, existem membros com maiores ou menores dificuldades para se expressar, mas, sem dúvida nenhuma, aquele dentre os membros que expõe alguma situação será o porta-voz de muitos outros que estão em ressonância ou em consonância com suas inquietudes e que não conseguiram ou quiseram – ainda – manifestá-las. Os temas do *coaching*, às vezes, são pessoais e a temática de uma pessoa servirá aos outros por identificação. Outras vezes, são temas que envolvem a equipe como um conjunto e, então, o foco sai de uma pessoa e converge para o grupo que se constitui no sujeito.

Coaching é um processo dinâmico e interativo que consiste em dar assistência aos outros na consecução de suas metas, colaborando com o desenvolvimento do seu próprio potencial. O *coach* colabora com as pessoas, equipes, empresas, para que tenham mais clareza em relação aos objetivos, tanto pessoais quanto organizacionais. Seu papel é capacitar os outros através de múltiplas ferramentas, para que se convertam em melhores observadores de si mesmos e do seu mundo de relações, a fim de que possam obter o máximo de rendimento de suas competências e habilidades. *Assumir responsabilidade e poder, transformar o observador e elaborar e implementar novas ações é a expectativa de um* coaching *bem-sucedido.*

COACHING E PSICOTERAPIA

Apesar de ser muito freqüente se falar em *coaching* no universo das organizações, existe uma certa confusão e grandes distorções com relação ao seu significado, ao seu campo de ação específico e às semelhanças e diferenças com outras disciplinas.

O tema não passa simplesmente por uma questão de nomenclatura. Mas, muitas vezes, por imperícia, ignorância ou falta de ética, acontece uma invasão de campo na prática profissional, que acarreta sérias conseqüências para o consultante, seja ele um *coachee*, seja um paciente. Não cabe a comparação, nem se trata de definir se uma é melhor que a outra, mas sim de honrar a teoria e a prática de cada uma em suas áreas específicas de competência, não sendo menor a importância do respeito pelo outro e a ética do profissional atuante.

Quando se compara o *coaching* à psicoterapia, seus fundamentos, sua teoria e sua prática, seus campos de ação, os papéis do *coach* e do terapeuta, a relação com o *coachee* e/ou paciente e, obviamente, seus objetivos se observam com clareza as suas diferenças. O *coaching* é uma disciplina que acaba por ser terapêutica – mesmo que esse não seja o seu objetivo final –, mas não psicoterapêutica.

Ambas se constituem como processos dialógicos. "Poderoso instrumento" era como Freud chamava a palavra, considerada meio de ação e de expressão em nossas relações com os outros. O uso da palavra para enfrentar determinadas situações de angústia ou dor não é uma novidade. O oráculo dos xamãs já recorriam a esse caminho em busca de uma terapêutica eficaz. Na análise, existe uma relação entre o sintoma e a verdade histórica do sujeito e é pelo desvelamento dessa verdade que sobrevém a dissolução do sintoma; mas, enquanto na atualidade da palavra produzida na sessão de psicoterapia o passado se mobiliza, torna-se móvel – sem o que não poderia ser construível nem construído –, não é isso o que acontece condicionalmente na sessão de *coaching*. O *coaching* também opera na linguagem e – não sem sofrimento – produz alívio e aprendizagem, muito embora dor, sintoma e inibições sejam tratados de outra maneira e com outra finalidade.

A psicanálise possui uma concepção singular do sujeito e da linguagem, encontrando na *associação livre* sua determinação. Nesse sentido, a forma pela qual se convida o outro a falar e o modo que o escuta também são diferentes do *coaching*.

A hipótese do *inconsciente* é o pilar primordial da psicanálise, e o *método analítico* da psicoterapia, como assevera Freud, é o que nos ensina algo a respeito da gênese e da trama dos fenômenos patológicos. O *coaching* não fala de doentes, nem se preocupa com estruturas patológicas. Intervém na dimensão do consciente, da conduta observável. A visão do conflito é diferente e está orientada para os resultados.

A utilização da *transferência* como força pulsional para mover o Eu do enfermo a superar suas resistências é um ensinamento freudiando. A descoberta freudiana do inconsciente foi formalizada não só a partir dos *sintomas neuróticos*, mas também a partir dos *sonhos*, *lapsos*, *esquecimentos* e outras das chamadas *"formações do inconsciente"*.

Então, ainda que o paciente queira dizer "tudo", a palavra encontra obstáculos aos seus passos, e aqueles tropeços, então, são os que orientam na busca do inconsciente, cujos conteúdos deverão ser revelados pela *interpretação*.

Esse obstáculo a que chamamos *resistência* é o sinal da *repressão* e, por isso, em diversos textos, o objetivo da cura é mencionado como o de "levar o neurótico a tomar consciência de questões reprimidas, inconscientes, que subsistem dentro de si", e, para isso, inicia-se descobrindo as resistências que se apresentam. A hipótese de um saber não sabido e a *força pulsional* em ação é, então, o que se passa entre o analista e o paciente em uma sessão. Inconsciente, interpretação de sonhos, pulsões, resistência, repressão etc. são específicos de um campo profissional onde o *coach* não entra.

Consideremos o seguinte exemplo: trata-se do gerente de contas de uma empresa de serviços. Idade, 40 anos. O diretor de RH nos solicita *coaching* para essa pessoa e nos relata que se trata de um profissional extremamente competente na sua tarefa e respeitado na empresa, onde já trabalha há muitos anos. Devido a uma reestruturação, eles têm a intenção de promovê-lo a uma posição em que deverá liderar uma equipe maior e interagir diretamente com a direção da empresa. A inquietação que os motivou a solicitar nossa intervenção são seus sérios problemas de comunicação. De índole retraída, mostra-se inibido diante de seus superiores, trabalha quase autonomamente, custando-lhe delegar funções e comunicando pouco durante o processo.

Resumida e esquematicamente, no *coaching* – sendo determinado previamente o contexto adequado –, abordaríamos a situação dando foco à brecha existente entre intenção e resultado, questionando sobre as suposições, a fundamentação dos julgamentos, as suas percepções e emoções etc. Buscaríamos formas de assumir a responsabilidade frente às circunstâncias, explorando alternativas e determinando cursos de ação para gerar aprendizagem que o levem a expandir sua capacidade de ação efetiva, e que se manifestarão no aporte de novas respostas. Ao ser um observador diferente, ele poderá fazer novas distinções, ampliará suas competências, mas limitadas a certos e específicos domínios. O que não é pouco.

Na psicoterapia, o campo é mais abrangente. A partir do conceito analítico de "repetição" (quem é a autoridade? Um pai? Um avô? Em que situações e com que pessoas mais ocorre o mesmo com ele?), se aprofundariam na história do sujeito vínculos afetivos, situações traumáticas, defesas etc. Seu retraimento e sua auto-suficiência são tomados como significantes, como o que pode ser visto, a manifestação, de outros significados latentes. Quem sabe se, de forma um tanto quanto reducionista, poderíamos pensar o *coaching* como uma aproximação ao que é sintomático, enquanto a psicoterapia aborda os conflitos tentando ter uma visão para além dos sintomas. Discutir sobre qual das abordagens é "melhor" não apenas daria lugar a uma comparação sem sentido, mas também improdutiva. A resposta precisará ser buscada na necessidade do consultante.

Muitos *coachees* já começam perguntando no primeiro encontro: "Você não vai me analisar, não é mesmo?" Entre muitas outras razões, alguns o fazem por desconhecimento; outros, por temor de serem invadidos, e outros porque já estão em um processo de psicoterapia. Diante da inquietação – além de fazer os esclarecimentos correspondentes –, a minha resposta é sempre: "*Coaching não é divã corporativo*".

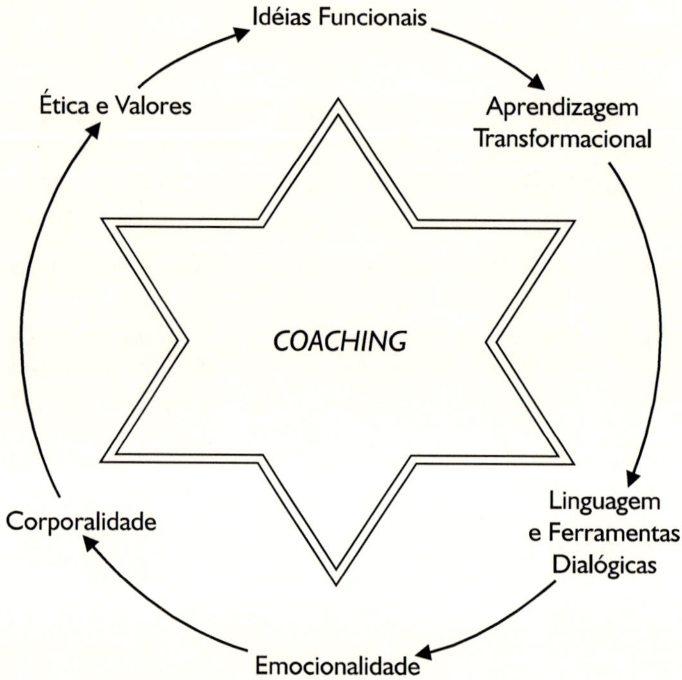

Figura I
Fundamentos do Coaching

Capítulo II

Idéias Fundamentais: Aprendizagem e Responsabilidade

O esquema da página anterior se propõe a resumir graficamente o conceito de *coaching*: as idéias fundamentais, os elementos conceituais dos quais ele se nutre, os domínios da linguagem, a corporalidade e a emocionalidade, as ferramentas para a intervenção do *coach* e, finalmente, os valores que regem a sua prática.

Mas, como sabemos, o mapa não é o território. O *coaching* está longe de ser apenas um conjunto de técnicas. A implementação de ferramentas desvinculadas de uma teoria é perigosa e desvirtua sua prática. A necessidade de rápidas respostas e a impaciência por saber "como se faz" não são bons professores. Muitos aprendizes de *coaching* por vezes acham tediosa a aprendizagem teórico-conceitual, desejando passar rapidamente à aprendizagem da técnica. Para aprender a dirigir um automóvel, não é requisito ter conhecimentos teóricos sobre o funcionamento de um motor a combustão*. Ao mesmo tempo, para operar o corpo humano não é condição suficiente saber usar um bisturi. O conhecimento da técnica é apenas um dos aspectos a se considerar. Ao fazer *coaching*, também vamos intervir no ser de uma pessoa e na sua emocionalidade. O *coaching* está fundado em sólidas bases teóricas, rigorosas

* N.T.: No Brasil, esse conhecimento é necessário para se tirar a habilitação de motorista profissional.

ferramentas práticas, e requer profissionais capacitados para o seu exercício. Uma sólida formação profissional, ética e responsabilidade são condições essenciais para ser um *coach*.

Respondendo à idéia de que nada é mais prático que uma teoria consistente, antes de ensinar "como é a técnica", focalizaremos, a princípio, no desenvolvimento dos seus fundamentos conceituais e teóricos e destes em relação à prática do *coaching*. Seu conhecimento, aprendizagem e domínio se constituem em um requisito fundamental para ser um *coach* de excelência.

"Nenhuma estrutura é mais forte que seus fundamentos" foi a frase que aprendi com um aluno engenheiro, e, desde então, eu a adotei nos meus cursos, começando pelo que considero duas *idéias fundamentais*: *aprendizagem* e *responsabilidade*.

APRENDIZAGEM

"Em tempos de mudança, aqueles que estão abertos a aprender se tornarão donos do futuro, enquanto aqueles que acreditam saber tudo estarão perfeitamente equipados para um mundo que já não existe."

Eric Hoffer

Na linguagem cotidiana, define-se aprender como "adquirir o conhecimento sobre um objeto". Isso se traduz geralmente como "ter informação sobre...". É habitual a pergunta: O que você aprendeu hoje na escola? As respostas são: que a República Argentina tem fronteira com tais outros países, que possui rios, montanhas, planícies etc. O que você aprendeu em anatomia? Que o corpo humano tem um aparelho respiratório, digestório, circulatório etc. O que você aprendeu com o seu PC? Que se podem fazer milhares de operações muito úteis para diferentes necessidades. E você sabe fazê-las? Não. Tenho a informação do que pode ser feito, mas ainda não sei como operar com ela. Essa é uma enorme distinção que faremos no conceito de aprendizagem.

Aprender não é apenas ter informação (o que já é importante por si só); *aprender é expandir nossa capacidade de ação efetiva*. Poder fazer hoje o que ontem não se podia ou não se sabia. Incrementar nossa competência para poder operar em um determinado domínio, que antes era desconhecido. É incorporar habilidades que tornem possível chegar a resultados ou a objetivos que antes estavam fora de minhas possibilidades. O grande desafio é aprender a aprender. Ensinar o ofício de aprender é ir além de transmitir informação.

"Aprendizagem é experiência, todo o resto é informação."

Albert Einstein

A partir desse ponto de vista, referimo-nos ao aprender como um conceito que vincula aprendizagem e ação. Por isso, falamos de uma *concepção ativa da aprendizagem*. Aprender é escutar. E não é qualquer ação, estamos falando de ações *efetivas*. Uma porcentagem altíssima de executivos e líderes se definem como "gente de ação", entretanto, quando postos à prova, observamos que, às vezes, é necessário reiniciar uma ação várias e várias vezes, devido à falta de efetividade no momento da ação. Nos capítulos posteriores, vamos nos referir a esse tema com maior atenção.

A aprendizagem também é ativa porque requer a vontade e a ação de nos movermos de uma zona, que arbitrariamente chamaremos de *conforto*, a outra zona, que chamaremos de *expansão*. Deve-se tomar cuidado para não passar a uma terceira zona, que chamaremos de *pânico*.

Vejamos a Figura 2 abaixo:

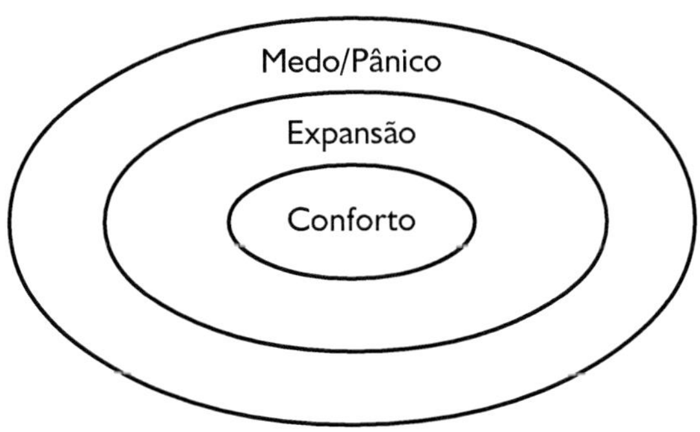

Figura 2
Zonas de Aprendizagem

ZONA DE CONFORTO

Na zona de conforto, temos posse de todo o conhecimento adquirido; não existe mais nada para se aprender; funcionamos em piloto automático e ela irá expandindo-se à medida que incrementamos nossa aprendizagem. Como os campos de aprendizagem são limitados (consideremos que existem áreas do conhecimento que a humanidade ainda nem descobriu), essa zona vai-se estendendo também até incorporar novas competências e não possui limites rígidos. Operamos automaticamente com o conhecimento sem muita consciência. Por exemplo, quantas vezes hoje você mudou a marcha do seu automóvel no trajeto da sua casa até o seu trabalho? Agora, tente lembrar-se de como era quando você estava tendo suas primeiras aulas de direção? Era quase impossível dobrar uma esquina e falar ao mesmo tempo!

Existe algum problema em ter uma zona de conforto? Absolutamente não! Imagine só como seria complicada a existência se cada vez que tivéssemos de dirigir fosse como a primeira vez. Esse conhecimento adquirido – em qualquer domínio que seja – nos possibilita operar com maior efetividade (e com menos estresse e gasto de energia). Em todo caso, o "ruim" ou o indesejado seria ficarmos restritos a essa área, o que estaria limitando muito o nosso campo de ação. Nas palavras de Eric Hoffer, teremos respostas para as inquietudes do passado, mas careceremos de perguntas para o futuro.

ZONA DE EXPANSÃO

É nela, principalmente, que a aprendizagem acontece. Essa área também é ilimitada e – não sem esforço – está ao nosso alcance. Por que não sem esforço? Por que para aprender, para expandir nossa consciência e capacidade de ação, é necessário sair da zona de conforto. Essa saída implica uma ferida narcisística, já que requer uma declaração de não-saber, que muitas vezes pode ferir nossa auto-estima. É um reconhecimento de que "existe algo que eu não sei", mas, ao mesmo tempo, requer uma vontade de aprender. ("Não sei, mas quero aprender.")

Nesse sentido, definimos a aprendizagem como um processo. É a ação de se mover do conforto do conhecido até uma zona de desconforto frente ao desconhecido. Aqui, ao aprender, expandimos nossa capacidade de ação e, ao mesmo tempo, estaremos ampliando nossa zona de conforto. É o processo pelo qual seremos capazes de produzir um resultado que antes estava fora do nosso alcance.

Reconhecer que existe algo que eu não sei, que existem coisas para as quais eu ainda não tenho a competência, implica um exercício de humildade, como requisito para aprender. A arrogância – seu oposto – nos leva à falsa crença de que sabemos tudo, e é nesse momento que nos fechamos à aprendizagem; não existe mais nada que possa ser aprendido. A zona de expansão daquele que acredita saber tudo é quase inexistente ou nula.

Essa é uma tendência muito marcada na cultura empresarial, na qual nos pagam por saber; na qual temos reconhecimento se temos respostas. Essa cultura estimula a hipocrisia, as máscaras. A paixão por aprender nem sempre é valorizada. A humildade não significa não saber. Humildade é estar orgulhoso pelo que foi aprendido, e mantendo sempre a mente, a atitude ou a alma de aprendiz; daquele que está aberto ao aprendizado. Firme no presente, mas perguntando-se pelo futuro.

Zona de Medo/Pânico

Essa é a zona em que é praticamente impossível aprender. Onde existe medo não existe lugar para o amor. Poderá haver cumprimento, mas não comprometimento. No medo, o que nós queremos é estar a salvo, salvar a vida, manter o cargo, sem nos expormos. Pensemos quais possibilidades se abrirão para uma criança que aprende com amor, livre de medo, em comparação com outra que vive aterrorizada por ser posta de castigo caso cometa algum erro. Se me envergonham, ou me humilham e me castigam pelos erros cometidos ao aprender a somar, o que aprenderei? Que se enganar leva a sanções, que dizer "não sei" é passível de repreensões. Que condutas ou atitudes desenvolverei como conseqüência disso? Não participar, dissimular, ocultar minha ignorância. Condutas que muito provavelmente continuarei repetindo em minha vida adulta e que se expressarão como arrogância, soberba, hipocrisia etc.

Serão as máscaras defensivas por trás das quais ocultaremos a cegueira ou a ignorância.

Como responder a esses condicionamentos? Gerando *contextos de aprendizagem* adequados. Contextos de confiança, confiabilidade, respeito, humildade, compaixão e amor. Contextos adequados para expandir capacidades de ação efetiva; em que a declaração de "não sei" seja concebida como uma oportunidade. "Não sei, mas me comprometo a aprender." Essa é a atitude de um líder potencial. Muitas vezes, dando assessoria a analistas de Recursos Humanos digo-lhes: o conhecimento ou as competências técnicas daquele que aspira a uma posição são requisitos indispensáveis, mas não se detenham apenas no que essa pessoa sabe; tentem ver mais além, tentem detectar quanto é sua paixão por aprender. Vale a pena investir!

COACHING E APRENDIZAGEM

Por que a aprendizagem é um dos fundamentos do *coaching*?

Porque o *coaching* é um processo de aprendizagem.

Dissemos antes que ele pode ser definido como arte, técnica, disciplina, estilo de liderança e gerenciamento. Estritamente, é um processo através do qual o *coachee* transforma o tipo de observador que é, abrindo-se a novas possibilidades de ação.

É o processo através do qual o *coachee* diminui as brechas entre dois momentos ou estados.

Pensemos em momento 1 (m1) e momento 2 (m2), como na Figura 3.

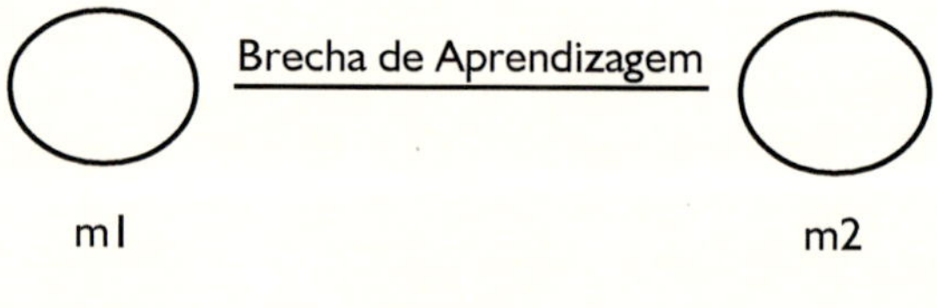

Figura 3
Brecha de Aprendizagem

Em m1 está o que eu já sei, o que eu posso, o que eu tenho; em m2, o que eu não sei, o que eu não tenho, o que eu quero.

Entre ambos, existe uma distância que chamaremos de brecha da aprendizagem. É um estado de insatisfação (existe algo que eu não sei ou não posso resolver ou dar uma resposta satisfatória, mas quero poder ou saber). A brecha se forma a partir do desejo ou da insatisfação. Sem ela não existe a brecha. *Coaching* é o processo de aprendizagem através do qual satisfazemos essa brecha com novas respostas ou ações.

Como processo, o *coaching* é um convite a sair da zona de conforto para o questionamento, para questionar-se sobre a maneira como se pensa, como se comunica, como se observa e se age, para encontrar novas respostas para antigos e novos desafios. É um processo para se desenhar o futuro.

Como já foi dito anteriormente, requer humildade para reconhecer que existem coisas que não sabemos e que queremos saber para diminuir a distância entre o que podemos e o que não podemos, entre o que sabemos e não sabemos, entre o que eu tenho e o que eu quero.

RESPONSABILIDADE

Conta uma história zen que em um monastério havia um discípulo que sempre desafiava o seu mestre. Certa vez, trazendo às costas um pássaro preso em suas mãos, o discípulo parou desafiante frente ao mestre e perguntou: "Mestre, aqui às minhas costas trago um pássaro. Você que sabe tudo, diga-me: está vivo ou morto?" (Dessa forma, se o mestre dissesse que o pássaro estava vivo, enforcá-lo-ia, e se dissesse que estava morto, abriria suas mãos e o deixaria voar.) O mestre olhou-o nos olhos, com respeito e compaixão, respirou profundamente e com muito amor lhe respondeu: "Isso depende de você. A solução... está em suas mãos!"

A pergunta mais profunda que um mestre pode fazer ao seu discípulo desafiador é: "Como quer viver a sua vida? Como quer usar o poder em suas mãos?" Essa também é a pergunta que deve ser formulada pelo *coach* durante a sessão de *coaching*: "O que você quer que aconteça com essa situação? Diante das circunstâncias apresentadas pela vida, como você pode responder eficazmente a essa situação?"

Responsabilidade [Respons(h)abilidade] é precisamente sobre o que discorre o relato. Como responder "frente às..." situações ou às circunstâncias. Não se trata de ter "a culpa de...", mas de observar como nos posicionamos frente às coisas que nos acontecem e escolher as ações a partir de uma liberdade essencial.

Existe uma enorme diferença de acordo com a maneira como descrevemos um sucesso. Um exemplo que costumo apresentar nos cursos é bastante elucidativo a esse respeito: imaginemos que estou segurando um objeto entre os dedos da minha mão. Abro a mão e o objeto cai no chão. Diante da pergunta "por que o objeto caiu?", alguns irão responder: "Devido à força da gravidade"; outros dirão: "Porque você o soltou". Poderia haver outras explicações, mas entre essas duas anteriores, alguma é falsa? Claro que não. Ambas são igualmente válidas, e ao mesmo tempo são diferentes maneiras de explicar o fenômeno. Sendo assim, onde está a diferença? Na primeira explicação, estamos colocando a responsabilidade *fora* de nós mesmos (a força da gravidade); na segunda, *assumimos* respons(h)abilidade (eu o soltei).

Estamos, assim, dando dois tipos de explicações, que chamaremos de explicações *tranqüilizadoras* (reativas) e explicações *geradoras*. Cada uma delas gera respostas e ações claramente distintas.

EXPLICAÇÕES TRANQÜILIZADORAS (REATIVAS)

O mundo, em geral, e o mundo das organizações, em particular, estão cheios de explicações como: "Se não fosse por", "a culpa é de", "eu sou assim mesmo", "a cultura da companhia", "a pressão do tempo", "o injusto do meu chefe", "o sistema caiu" etc. São as explicações do tipo "a lei da gravidade". De acordo com esse tipo de explicação, o objeto que estava em minha mão caiu atraído pela (ou por culpa da) lei da gravidade. Conhecendo o "mau-caráter" do meu chefe, se tenho que lhe dizer que não cumpri com a minha obrigação porque o sistema caiu, quer dizer que fico tranqüilo? Provavelmente não. Então, porque eu as chamo de explicações tranqüilizadoras? São tranqüilizadoras não porque resolvem algo. O problema continua existindo. São tranqüilizadoras porque com elas me declaro inocente e ponho a responsabilidade no sistema, ou na cultura, ou no tempo, ou...; sempre existirá um motivo.

Assim, o que eu consigo – como resultado – explico como conseqüência de fatores externos a mim. É uma explicação "irresponsável"; a explicação irresponsável diz: "Eu não tenho nada a ver com o que está acontecendo... nem com sua solução". Não assumo a responsabilidade de poder ter gerado uma resposta diferente (por exemplo, buscar outra maneira de cumprir o compromisso com meu chefe, ou de avisá-lo com antecedência de que não poderei cumprir satisfatoriamente o que foi pedido e gerar um novo compromisso etc.).

Dar esse tipo de explicação não é gratuito. Possui o enorme custo de nos colocarmos no papel de *vítima*. Declaro-me inocente, mas, ao mesmo tempo, declaro-me impotente e incompetente. Essas explicações acabam com a possibilidade de ação. Acabam com a possibilidade de se responder a uma situação.

Explicações Geradoras

Fazendo-me parte do problema, posso ser parte da solução. Aqui, diferentemente da situação anterior, o que obtenho – como resultado – é o que eu contribuo produtivamente. Sou parte contribuinte de um resultado. Não me faço passível de culpa, já que não escolhi que o sistema caísse. Mas assumo, sim, o poder que está em minhas mãos, comunicando o inconveniente e solicitando ajuda ou pedindo sugestões a meu chefe; transformo-me em protagonista. Porém, agir dessa maneira também tem um custo, e esse custo é a *responsabilidade*.

Essas explicações abrem a possibilidade de ação; de se responder a uma situação (sabendo que não terei o carro amanhã, sair mais cedo porque irei de ônibus; avisar com antecedência que uma entrega será feita com certo tempo de atraso etc.).

Coaching e Responsabilidade

Idéias-chave para o Papel do Coach

A pergunta que o mestre faz ao seu discípulo é a mesma que o *coach* faz durante a sessão de *coaching*: "O que você quer que aconteça com essa situação? Dada essa circunstância, quanta responsabilidade você está disposto a assumir? O que é necessário para responder eficazmente?" Em outras palavras, diante de um determinado acontecimento, o *coach* pergunta: "Qual é a história que você vai decidir contar? A história da vítima ou a história do protagonista?" A primeira gera impotência, com a segunda assumo o poder que está em minhas possibilidades e em minhas competências.

A questão passa por assumir responsabilidade [respons(h)abilidade = habilidade para responder a uma situação], passa por tomar consciência de que, mesmo nas circunstâncias mais difíceis, posso escolher *quem eu vou ser*. Se estendo minha mão para apertar outra mão, estarei escolhendo ser o tipo de pessoa que estende a mão; e isso é independente de o outro estender ou não a sua. Meu ser é definido a partir de mim, e não a partir da atitude do outro. Agimos como somos, mas também somos como agimos. A ação gera o ser. Se faço uma grosseria a outra pessoa, esse ato não envolve apenas esse outro, mas também me transforma no tipo de pessoa que faz grosserias. É uma questão que tem a ver com a essência do ser, com o que eu sou.

Eu posso escolher.

"Se fores amável, as pessoas podem te acusar de ser egoísta e interesseiro...

Ainda assim seja gentil.

Se fores um vencedor, terá alguns falsos amigos e alguns inimigos verdadeiros...

Ainda assim vença.

Se fores honesto e franco, as pessoas podem enganar-te...

Ainda assim seja honesto e franco.

O que demoraste anos para construir, alguém pode destruí-lo de uma hora para outra...

Ainda assim... construa.

Se tiveres paz e fores feliz, as pessoas podem sentir inveja...

Ainda assim... seja feliz.

O bem que fizeres hoje, pode amanhã ser esquecido...

Ainda assim... faça o bem.

Dê ao mundo o melhor de si, ainda que isso possa nunca ser o suficiente...

Ainda assim... dê o melhor de si mesmo.

E lembre-se de que, no fim das contas...

É entre você e DEUS. Nunca foi entre você e eles...!"

Madre Tereza de Calcutá

Viktor Frankl, psiquiatra e catedrático vienense, foi o prisioneiro 119104 no campo de concentração de Auschwitz. Em seu comovedor livro *O homem em busca de sentido*[2] nos diz: "Ao homem pode se retirar tudo, exceto uma coisa: a última das liberdades humanas – a escolha da atitude pessoal ante um conjunto de circunstâncias – para decidir seu próprio caminho. (...) mesmo quando condições tais como a privação de sono, a alimentação precária e as diversas tensões mentais podem nos levar a crer que os reclusos se viam obrigados a reagir de certo modo, em última análise se fazia claro que o tipo de pessoa em que se transformava um prisioneiro era o resultado de uma decisão íntima, e não unicamente produto da influência do campo (...) a liberdade íntima nunca se perde. É esta liberdade espiritual que não nos pode ser tirada, o que faz com que a vida tenha sentido e propósito".

Segundo Sartre, ser responsável é ser autor; estamos condenados a sermos livres. Cada um é autor do seu próprio modelo de existência. Quando fala de responsabilidade não o faz sobre algo abstrato. Não está falando sobre o tipo de ser ou alma do qual falam os teólogos. É algo concreto. Somos eu e você conversando, tomando decisões, fazendo coisas e aceitando (assumindo) as conseqüências. Existem milhões de seres no mundo; entretanto, o que cada um faz determina uma diferença e estabelece um exemplo.

A mensagem é que nunca deveríamos nos ver como vítimas de forças diversas. Quem somos é sempre decisão nossa.

---

[2] Editorial Herder, Barcelona, 1994.

Era uma vez, um escritor que vivia em uma praia tranqüila, perto de uma colônia de pescadores. Todas as manhãs, cedo, passeava pela beira da praia em busca de inspiração e depois passava as tardes em casa escrevendo.

Um dia, caminhando pela orla da praia, viu uma figura que parecia dançar. Ao aproximar-se, viu um jovem agarrando estrelas do mar na areia e, uma a uma, arremessava-as de volta ao oceano.

– Por que você está fazendo isso? Perguntou o escritor.

– Não está vendo? Disse o jovem. A maré está baixa e o sol está brilhando. Se deixo as estrelas do mar na areia, elas vão se secar ao sol e vão morrer.

– Menino, existem milhares de quilômetros de praia neste mundo e centenas de milhares de estrelas do mar esparramadas ao longo deles. Que diferença faz? Você devolve algumas ao mar, mas a maioria irá morrer de qualquer forma.

O jovem pegou mais uma estrela da areia e jogou-a de volta ao oceano. Olhou para o escritor e disse:

– Para essa, eu fiz a diferença.

Aquela noite, o escritor não conseguiu dormir, e também não conseguiu escrever.

Pela manhã, foi até a praia, esperou pelo menino e junto com ele começou a devolver as estrelas ao mar.

O *coaching* é um processo pelo qual se assume responsabilidade. O *coach* sabe que essa consideração é crucial. Enquanto o *coachee* continuar acreditando que suas crises ou seus problemas são conseqüências de fatores externos, o *coaching* não terá eficácia.

Se o problema está fora, qual a necessidade de mudança? *Coaching* é aprender a rever nossos julgamentos, a forma como damos razão às coisas e a darmos explicações geradoras; a sermos protagonistas com possibilidades de ação efetiva. É aprender a dar explicações em primeira pessoa. Por exemplo, uma coisa é dizer: "Meu chefe é um injusto", e outra muito diferente: "Não sei como fazer para que meu trabalho seja reconhecido".

No primeiro caso, sou uma vítima e se fecham todas as possibilidades de ação, a menos que meu chefe mude sua atitude; delego o poder que também está em minhas mãos.

No segundo, declaro minha incompetência e, ao mesmo tempo, assumo o poder, abrindo-me a outras possibilidades de ação, que possam ser operacionalizadas a partir de mim.

Capítulo III

Aprendizagem Transformacional

"Não vemos o mundo como ele é, mas sim como nós somos."
Talmud

Transformando o Observador

Para uns, uma pessoa é mau-caráter, para outros, é um doce de pessoa; para uns, um filme é bom, para outros, terrível. O que faz com que diante de uma mesma circunstância, de um mesmo fato, duas ou mais pessoas o vejam ou sintam de modo diferente? Acontece que "bom" ou "mau" são interpretações; portanto, são subjetivas, são interpretações que correspondem ao sujeito que as emite. Em outras palavras, *dependem do observador que cada um é*. Essa pessoa não é boa nem má, simplesmente é; o filme não é bom nem mau, é. Compreender o universo dessa maneira nos abrirá um enorme espaço de possibilidades. Possibilidades de ação, de compreensão, de relacionamento.

A partir de uma compreensão generalizada, acreditamos experimentar a realidade tal como ela é. Como nos exemplos mencionados acima, alguns poderão coincidir com a nossa maneira de observar (realidade coincidente), e também haverá quem tenha uma percepção diferente. Então, qual é "a realidade"? A partir de um princípio elementar de respeito pelo outro, poderíamos dizer que não existe tal coisa como "a realidade", mas sim "minha" realidade e também a realidade do outro. Em seu filme *Desconstruindo Harry*, Woody Allen, enquanto fala de uma existência fragmentada e desarticulada, coloca na boca do protagonista a seguinte reflexão: "Todo mundo conhece a mesma verdade. Nossa vida consiste em como nós decidimos distorcê-la". Temos diferentes perspectivas acerca de um mesmo fato e isso é assim porque nossa experiência é filtrada pelos nossos sistemas de crenças e por nossos modelos mentais.

Peter Senge[3] define os modelos mentais como pressupostos profundamente arraigados, generalizações e imagens que influenciam nossa maneira de observar o mundo e, portanto, também nossa maneira de atuar nele.

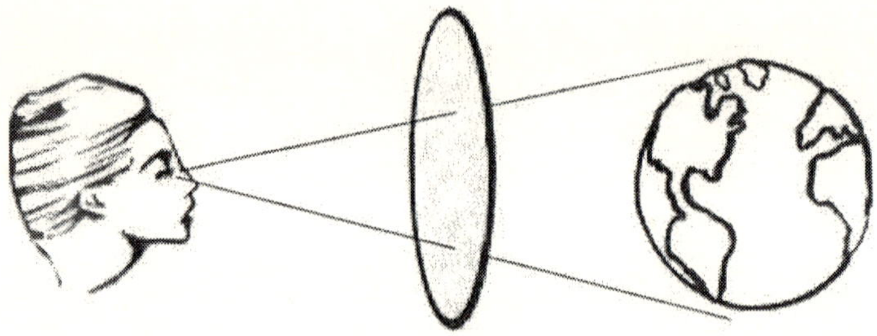

Figura 4
O Filtro dos Modelos Mentais

É ruim ter modelos mentais? Poderíamos não tê-los? Para qualquer caso, a resposta é negativa. De qualquer maneira, se pudéssemos falar do "ruim" (entendendo que essa também é uma categoria subjetiva, ainda que seja compartilhada por muitos), eu diria que o errado é considerar que o nosso é o único modelo mental existente que é válido (é assim como se originam os fundamentalismos, os absolutismos, os sectarismos e os fanatismos).

Havia três pedreiros trabalhando em uma construção. Uma pessoa que passava se aproximou de um deles e perguntou: "Que está fazendo, meu bom homem?" "Estou colocando tijolos" – respondeu – "é um trabalho duro com o qual ganho o pão de cada dia." Aproximou-se, então, do segundo e repetiu a mesma pergunta, à qual o pedreiro respondeu: "Esta-

[3] *La quinta disciplina*. Editorial Granica, Buenos Aires, 1992.

mos colocando tijolos, construindo juntos, o lado norte desta estrutura." Finalmente se aproximou do terceiro, que, frente à pergunta, disse com orgulho: "Coloco tijolos ajudando a levantar a catedral mais linda para o meu povo".

Todos realizavam o mesmo trabalho, mas enquanto o primeiro fazia uma *tarefa*, o segundo apontava em sua observação as *metas* comuns e o último observava para além do trabalho, focalizando uma *visão*.

Alguns dias atrás, eu ia caminhando junto com um conhecido; em uma rua, havia um jovem distribuindo panfletos publicitários. Enquanto meu acompanhante se recusou a receber, sentindo-se incomodado pelo que considerava uma invasão pessoal, eu recebi o pedaço de papel e o guardei no bolso. Não sei se chegarei a lê-lo, mas entendo que recebê-lo dá sentido à minha interpretação com respeito à tarefa desse jovem. Minha ação de aceitar o panfleto publicitário justificará o trabalho do menino, sem o qual, provavelmente, seria um desocupado. Vivemos em mundos interpretativos. Essa interpretação do mundo dependerá do tipo de observador que cada um é.

Os modelos mentais formam parte de nossa existência. Operam permanentemente em qualquer âmbito de nossa vida, condicionando as nossas percepções. Sobre essas percepções haverá interpretações e estas, por sua vez, definirão nossas ações.

Charlotte Roberts[4] diz: "Os modelos mentais podem ser geradores: uma pessoa pode propor-se a criar uma atitude que não possui. Os cientistas que criaram o programa espacial tiveram que imaginar futuros possíveis nos quais ninguém havia pensado... e, de certa forma, alteraram-no. Para que a geração de novos modelos mentais tenha efeitos duradouros, é preciso combinar a imaginação com a ação".

Essa distinção é substancial já que, como sustenta Rafael Echeverría[5], toda ação será resultado do tipo de observador que cada um é. E desenvolve o modelo do observador – ação – resultados, chamando *observador* à forma particular em que um indivíduo dá sentido à situação que enfrenta antes de intervir sobre ela.

---

[4] *La quinta disciplina en la práctica*, Editorial Granica, Barcelona, 1995, p. 252.

[5] Rafael Echeverría y Alicia Pizarro. *Etapas y procedimientos del coaching ontológico*. Newfield Consulting, 1998.

De acordo com o sentido que damos a uma situação, agiremos de uma ou outra maneira. Essa ação irá aproximar-nos de um resultado que pode coincidir ou não com os objetivos propostos.

Albert Einstein disse: "Loucura é fazer a mesma coisa vez após outra tentando obter um resultado diferente". O que é que acontece freqüentemente? Quando nossos resultados não coincidem com os objetivos propostos, tentamos a mesma ação vez após outra (por exemplo, fazendo mais rápido), sem tomar consciência de que essas ações são provenientes da interpretação de um observador que lhe deu um significado particular.

Trata-se, então, de aprender a pensar de uma maneira diferente, o que implica modificar esse modelo de observador.

Concluindo, se queremos obter resultados que nos aproximam com maior eficácia do objetivo desejado, será necessário manter o foco não nas ações, mas no tipo particular de observador que cada um é, em nossos modelos mentais, em nossas interpretações do mundo. Com toda segurança, as ações conseqüentes e seus resultados serão diferentes.

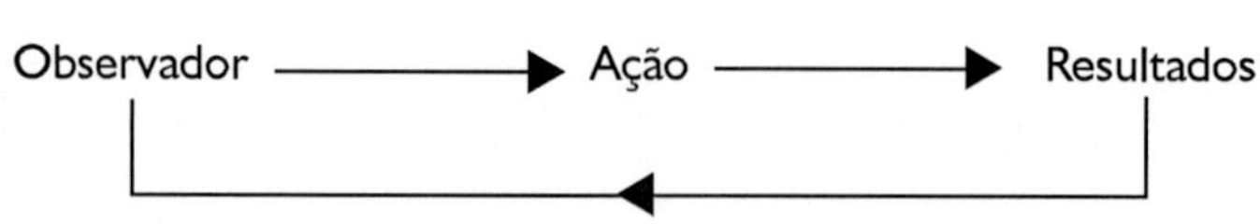

Um tema de grande relevância para os líderes do novo século será *gerar contextos de aprendizagem* nos quais seja possível o surgimento de observadores diferentes. Contextos de confiança, respeito, confiabilidade que possibilitem o questionar e questionar-se (questionar-nos) nossa maneira de pensar, de nos comunicarmos. De nos relacionarmos e, sobretudo, de questionar também certos dogmas que nos dizem "como as coisas devem ser feitas" no mundo das organizações. Insisto e afirmo: é responsabilidade do líder gerar esses contextos que serão a semente de novos e diferentes observadores.

Contexto ——▶ Observador ——▶ Ação ——▶ Resultados

Determinar e implementar novas ações que nos aproximem dos resultados desejados é um processo de diminuir distâncias. São conseqüência de um *coaching* bem-sucedido. E, a partir de um ponto de vista particular, esse processo implicará sempre uma *transformação pessoal*.

COACHING E APRENDIZAGEM TRANSFORMACIONAL

IDÉIAS-CHAVE PARA O PAPEL DO COACH

A tarefa do *coach* consistirá em ajudar o *coachee* a aprender a ser um observador diferente. *Coaching* é um tipo particular de aprendizagem que requer transformação pessoal. Isso está relacionado com a idéia na qual podemos falar de diferentes níveis de aprendizagem.

A partir de conceitualizações da teoria das cenas, eu falo de cena 1 e cena 2.

- Cena 1 é aquela que acontece frente à minha pessoa e na qual eu, como observador, não me incluo.
- Cena 2 é aquela outra cena que me inclui e na qual me sinto envolvido.

De cada uma dessas cenas e de nossa participação nelas acessamos uma modalidade diferente de aprendizagem. Baseado nessas distinções e relacionado com o que denominamos *níveis de aprendizagem*, o tipo de aprendizagem particular que requer transformação pessoal está ligado com a cena 2.[6]

O *coaching* surge como alternativa quando enfrentamos uma situação frente à qual nos declaramos incompetentes para resolver e que de acordo com nosso juízo ou opinião se constitui um problema.

Na aprendizagem da cena 1, expandimos nossa capacidade de ação efetiva, aprendendo o que não sabemos ou contratando quem tiver a competência para resolvê-lo. Somamos assim novas ferramentas ao repertório que já tínhamos, incrementando nossas competências, mas *sem questionar o tipo de observador que somos.*

No nível da cena 2, em que age e foca o coaching, propomo-nos a questionar o tipo particular de observador que somos. Como observadores que somos, temos também uma forma particular de ser ou de responder às circunstâncias. Dessa maneira, temos de assumir que, de alguma forma, contribuímos com o que denominamos *problema.* Portanto, o *coaching* apontará não apenas a expansão da capacidade de ação de uma pessoa, mas também que essa será conseqüência de uma modificação do tipo de observador que essa pessoa é. Transformando o observador, abriremos possibilidades para gerar novas respostas onde antes não era possível. É a isso que chamamos *aprendizagem transformacional.*

É chamado *coaching* ontológico precisamente porque é um processo que busca produzir aprendizagem com foco não nas ações, mas sim remetendo à forma particular de ser – *portanto de agir* – das pessoas.

Os conceitos referidos à aprendizagem individual são igualmente aplicáveis a empresas ou a organizações.

Segundo Peter Drucker, as organizações são processos sociais com resultados econômicos, por isso mesmo podemos definir o *management* como *a arte de coordenar pessoas, ações e recursos para atingir objetivos em uma organização.*

---

[6] Em *Etapas y procedimientos del coaching ontológico,* Alicia Pizarro y Rafael Echeverría denominam esses níveis aprendizagem de 1ª e 2ª ordem.

Chamamos *aprendizagem organizacional* os *processos que conduzem ao incremento da capacidade de ação efetiva das organizações*. A condição para que isso ocorra é que os indivíduos que a compõem modifiquem sua forma de agir. Eles constituem a via através da qual a organização se expressa. É por isso que insisto que a nova tarefa do líder-*coach* será se capacitar para gerar contextos de aprendizagem que possibilitem a transformação do tipo de observador que são os membros que as compõem e colaborar com sua capacitação, de modo tal a transformar ações individuais em ações organizacionais.

Trata-se, então, não apenas de aprender e saber, mas também de nos perguntarmos *quem queremos ser*. É aprendizagem mais transformação. Nesse sentido, o *coaching* se constitui em uma ferramenta poderosa para desenhar o futuro e gerar um mundo diferente.

---

*"**Nada** se transformou.*

*Somente **eu** me transformei.*

Portanto,

***Tudo** se transformou."*

Provérbio hindu

Capítulo IV

Linguagem. Processos e Ferramentas Dialógicas

"O mundo entra em nós pelos olhos, mas não adquire sentido até que tenha descido à nossa boca."
Paul Auster

Linguagem e *Coaching*

"Uma cultura é uma rede de coordenações de emoções e ações em linguagem, que configuram um modo particular de entrelaçamento do atuar e o emocionar das pessoas que nela vivem. Eu chamo conversar, aproveitando a etimologia latina dessa palavra que significa dar voltas junto, ao entrelaçamento da linguagem e o emocionar que acontece no viver humano e na linguagem. Mais que isso, mantenho que todo existir humano acontece no diálogo, e que todas as atividades humanas se dão como sistemas de conversação. Também sustento que as diferentes culturas, como os diferentes modos de convivência humana, são redes distintas de conversações, e que uma cultura se transforma em outra quando muda a rede de diálogos que a constitui e define."[7]

Nos meus seminários com gerentes e líderes de empresas, sempre pergunto: "No trabalho de vocês, o que primariamente vocês fazem?" Depois de alguma hesitação, a resposta mais comum é: "Falar!" Mas não se trata do falar como perda de tempo, mas um *falar gerador*.

[7] Humberto Maturana. Prólogo de *El cáliz y la espada* de Riane Eisler. Editorial Cuatro Vientos, Santiago de Chile, 1990.

O *management* mesmo poderia ser definido como a arte de coordenar pessoas, ações e outros recursos para alcançar objetivos em uma organização. A responsabilidade gerencial vai mais além das competências profissionais que uma pessoa adquiriu na sua formação profissional específica.

O manejo de tecnologias duras, o domínio de ferramentas e a aplicação de técnicas operativas são requisitos necessários para o desenvolvimento da gestão gerencial, mas, sem dúvida, são insuficientes para produzir sinergia em gestão de conhecimentos, relações interpessoais efetivas e/ou aproveitamento das capacidades de uma equipe de trabalho. Uma porcentagem altíssima do tempo da jornada de trabalho é ocupada por esses líderes na coordenação de pessoas e equipes. E através de que meio é possível cumprir essa tarefa? Através da linguagem, em qualquer das suas expressões, seja oral, seja escrita, seja corporal etc. Correio eletrônico, fax, telefone, videoconferência, entre outros, não são senão canais de comunicação e expressão da linguagem.

Falamos no início de uma concepção ativa da aprendizagem. Dissemos que aprender é expandir nossa capacidade de ação efetiva. Aprendizagem = ação. A linguagem também é ação. Falar é agir. Através da linguagem pedimos, prometemos, expressamos idéias e opiniões, apresentamos propostas e projetos, tomamos decisões, definimos as ações, coordenamos ações com outros. Mas, principalmente, como assinala Rafael Echeverría[8], "nos transformamos em seres que usam a linguagem para construir sentido".

Por isso, falamos do poder gerador da palavra. Claro que isso nem sempre foi assim. Durante muitíssimo tempo, a linguagem foi concebida como descritiva e, portanto, passiva. Isso não é errado e nem passível de desmerecimento. Então, podemos dizer, por exemplo, que aquela é uma árvore. Que tem raízes, tronco, galhos, folhas etc. Desse ponto de vista, haveria primeiro uma realidade e essa é a linguagem que a descreve.

Graças ao lugar conseguido por ela na filosofia e na ontologia da linguagem, como dizia Echeverría em suas conferências, a linguagem não apenas nos permite falar "sobre as coisas", mas também, ao ser geradora, "faz com que as coisas aconteçam".

---

[8] *Ontologia del lenguaje*. Editorial Dolmen, Santiago de Chile, 1995, p. 240.

Desse novo ponto de vista, junto com uma realidade que está mais além da linguagem, esta por seu caráter gerador e transformador cria realidades e nos possibilita projetar o futuro. Simplesmente com um "sim" ou um "não", abrimos possibilidades para nós mesmos e para os outros. Faz com que as coisas aconteçam e o que acontecer afetará o futuro.

O *coaching* é, ainda que não exclusivamente, um processo dialógico. Dizemos que não exclusivamente porque também é emocional e corporal. Apóia-se, em grande medida, nesse poder gerador e transformador da linguagem. É um processo de aprendizagem no qual transformamos o observador que é cada um, quem – através da palavra – dará sentido à observação. O *coach* acompanha o *coachee* em seu processo de encontrar e projetar novos sentidos e ações. O *coaching* é uma poderosa ferramenta para gerar um mundo diferente.

Entendendo que somos seres lingüísticos, emocionais, corporais e de ação, o *coaching* opera no domínio da linguagem, do diálogo, articulando elementos da lingüística e da ontologia da linguagem com conceitos, técnicas e ferramentas do campo da psicologia, da filosofia, das áreas corporais, da biologia e do pensamento sistêmico.

Tendo sido consultados aproximadamente 300 empresários, gerentes e líderes que participaram dos nossos seminários, coincidiu que o tempo em horas dedicado ao trabalho ocupava entre 70% e 90% do seu dia. Quanto desse tempo foi investido em reuniões? Quanto no telefone? Quanto em responder ou escrever e-mails? E o que estavam fazendo nos 70% ou 90% do seu dia? Coordenar, dirigir, comunicar, fazer acordos, planejar, pedir, avaliar etc., toda e qualquer uma dessas ações através do falar. Falar e – com muita deficiência – escutar o que os outros falam. Passamos nosso tempo em diálogos. Falando e escutando.

Esses diálogos geram o futuro que queremos? Por que, apesar de tantos livros que nos dizem como fazer as coisas, os resultados continuam os mesmos? Trata-se de mudar o observador que somos, para ressaltar aqui que *se os resultados não se produzem, talvez tenhamos de mudar nossas conversas*. O desenrolar da conversa em uma sessão de *coaching* leva o *coachee* a se perguntar: "O que posso fazer para gerar para mim um futuro diferente do que vejo?"

"Não é possível", "não vai acontecer", "já provei, mas", "como está agora não está tão ruim", "em outro momento". Essas e mais um variado repertório de explicações encerram ou matam possibilidades. Muitas das nossas realidades do presente foram pensamentos considerados como impossíveis no passado. A possibilidade nunca é um fato: mas abre novas realidades.

Nesse sentido, o *conceito que faço do* coaching *parte da premissa que os* coachees *possuem maior possibilidade do que eles mesmos acreditam*. O *coach* é um sócio-colaborador em assumir a responsabilidade, o compromisso e a ação.

Distinções da Linguagem e Ferramentas Dialógicas

Ao falar sobre criar realidades e projetar futuro, falamos de possibilidades. Como transformar conversas infrutíferas ou impossíveis em conversas de possibilidades? Quais são as competências dialógicas que irão fazer a diferença na abertura de possibilidades?

O conhecimento exaustivo de certas distinções da linguagem e o domínio absoluto das ferramentas de intervenção são requisitos fundamentais para quem pretende ser um *coach*.

Este trecho tem como objetivo analisar aqueles atos lingüísticos básicos que possibilitam uma melhor escuta e compreensão do processo de *coaching*. Apresentaremos um enfoque centrado no *coaching* e fundamentado na relevância que esses atos adquirem no processo. Sua aplicação prática será vista logo no capítulo que se refere aos sete passos do *coaching*.

Observações e Julgamentos

"Toda idéia é sempre dita por alguém, que, ao emiti-la, revela quem é."
Nietzsche

Uma primeira distinção para se atentar se dá entre os chamados 1 (fatos ou observações) e 2 (as opiniões ou os julgamentos).

Levemos em conta duas afirmações: João é alto e João mede 1,90m. Soam parecidas, mas são diferentes. Em torno desse tipo de distinções, podem acontecer discussões, perdas de tempo e energia que, às vezes, são irrelevantes, mas em outras ocasiões acabam gerando mal-estar pessoal e interpessoal, dificultando tarefas e tomadas de decisão.

Qual a diferença? A primeira é uma avaliação subjetiva, enquanto a segunda está baseada em dados empíricos. Em uma, estamos fazendo inferências pessoais a partir do ponto de vista de quem a emite. E na outra, nos baseamos em dados mensuráveis, confirmáveis e compartilhados consensualmente pelos membros da mesma comunidade, entre os quais há um entendimento comum e compartilhado sobre o que isso significa. Koffman a chama de uma mesma "comunidade biolingüística, grupo de pessoas que compartilham a mesma condição biológica e uma mesma linguagem".[9]

João – como observação – pode medir 1,90m, mas pode – como opinião – não ser considerado alto se quem está emitindo esse julgamento pertencer à comunidade da seleção de jogadores de basquete. Um lápis pode ser considerado bom por um menino para suas tarefas escolares e ruim para um arquiteto desenhar projetos. Ambos, menino e arquiteto, concordariam com o fato de que o lápis é de grafite.

Outro exemplo:

• João chegou tarde às últimas três reuniões de equipe.	Observação/fato
• João não está interessado no projeto.	Opinião/julgamento

Essa distinção se torna relevante nas conversas do coaching. Muitas consultas de *coaching* têm a ver diretamente com crises pessoais e interpessoais geradas por confusões nessa distinção. O erro acontece muitas vezes quando confundimos os dois conceitos e temos conversas e discussões baseados unicamente em opiniões, sem nos determos nos fatos, e é muito habitual que transformemos nossa opinião em um fato e logo tomemos decisões, atuemos ou reajamos, como se realmente o fossem.

---

[9] *Metamanagement*. Granica, Buenos Aires, 2001, T. II, p. 73.

Com freqüência, observo em meus cursos que depois do desenvolvimento conceitual desse tema se produz o que eu chamo de "síndrome fática". O que é isso? No intervalo, os participantes saem para tomar café e basta que alguém diga: "Está gostoso!" para que vários dedos acusadores lhe digam em brincadeira e em tom de reprovação: "Isso é um julgamento!" (como se fosse algo ruim). Observações e julgamentos não são bons nem maus, nem as observações são melhores que as opiniões.

As observações podem ser falsas ou verdadeiras; os julgamentos podem ter ou não fundamento. Como posso saber que João é alto? Ou que João não mostra muito compromisso com a tarefa? Ou que João não é um líder natural? A resposta tem de ter a ver com quais fatos fundamentamos uma opinião, qual é o padrão pelo qual avaliamos. Duas pessoas podem concordar sobre os fatos de uma situação, mas partir de diferentes padrões para avaliá-los.

Na nossa vida cotidiana, estamos permanentemente fazendo múltiplas observações e emitindo infinitos julgamentos. Alguns são mais, outros menos consistentes ou pensados e nos damos conta deles; outros são mais inconscientes e automáticos. Alguns expressamos, outros ocultamos ou postergamos. Muitos são irrelevantes, outros se tornam relevantes. João e eu podemos ter julgamentos opostos sobre a comodidade de uma cadeira. Essa divergência de opinião é irrelevante se o que estamos fazendo é compartilhar um café e um diálogo pessoal – que em si poderia transformar-se no relevante desse encontro –, mas seria diferente se nossa divergência tivesse a ver com a necessidade de decidir uma compra de 500 cadeiras para a empresa na qual trabalhamos (onde não apenas não é errado dar a opinião, mas nos pagam por ela). Damos a opinião para comprar, vender, investir, fabricar; em outros âmbitos, opinamos para decidir sobre para qual colégio enviaremos nossos filhos, onde passaremos as férias, qual o melhor plano de saúde etc.

Para avaliar se um julgamento/opinião é produtivo, é importante reconhecer pelo menos cinco aspectos.

1. *Admitir:* por ser expresso não constitui um fato. É uma opinião muito importante para mim (quem a emite), mas é *minha* opinião. Ter essa concepção implica a idéia (valor) de humildade (ainda que acredite firmemente na minha opinião, reconheço que não é a única e que pode não ser a mais adequada ou válida).

2. *Fundamento:* dar observações, exemplos, dados nos quais essa opinião possa estar fundamentada.
3. *Padrão:* qual é a medida utilizada para emiti-lo?
4. *Processo de razão:* como chego a essa conclusão a partir dos dados que obtive?
5. *Objetivos:* qual finalidade me move a emiti-los? Para quê? Qual a preocupação, o desejo ou a incumbência que tenho?

Uma maneira que acho prática para internalizar esses elementos é pensar no presente, no passado e no futuro:

Minha opinião é...	(presente)	qual é meu julgamento?
Meu julgamento está fundamentado em	(passado)	por que estou dizendo isso?
O objetivo que me move a emiti-lo é...	(futuro)	Para que o expresso?

Tão importante quanto a fundamentação (*por que*) é o (*para quê*) da minha opinião.

Um relato conta que um discípulo se aproxima do mestre e diz:

– Mestre, quero contar-lhe que uma pessoa esteve falando de você com malevolência.

(Alguma vez você já escutou algo parecido na sua equipe ou empresa? Se sim, convido-o a continuar lendo este relato.)

O mestre interrompeu-o dizendo:

– Espera! Já passou o que vai me dizer pelas três barreiras?

– As três barreiras? Pergunta o discípulo.

– Sim. Responde o sábio. A primeira é a verdade: já examinou cuidadosamente se o que quer me dizer é ***verdadeiro****?*

– Não... somente ouvi dizer de uns vizinhos.

– Pelo menos o fez passar pela segunda barreira, que é a ***bondade****; o que quer dizer?*

– Não, na realidade não. Ao contrário...

– Ah! Interrompeu o mestre. Então, vamos à última barreira: é ***necessário*** *que me conte isso?*

– Para ser sincero, não. Necessário não é!

– Então, sorriu o sábio mestre. Se não é verdadeiro, nem bom, nem necessário, deixemo-lo cair no esquecimento!

Coaching, Observações e Julgamento. Pauta-chave para a Intervenção do *Coach*

"Não existe a verdade. Existe apenas a interpretação."
F. Nietszche

É bastante freqüente, sobretudo no âmbito das equipes de trabalho, escutar conversas semelhantes àquelas do início do conto. E geralmente seu resultado é difamar alguém, emitir julgamentos sem fundamento e promover ações que trazem como conseqüência o mal-estar pessoal, ruídos interpessoais e crises, que em última instância se farão sentir também nos resultados da tarefa. Como agiria um *coach* ante essa situação? O que faria um líder ou um gerente que tivesse desenvolvido competências como *coach*?

A princípio, iniciaria o processo gerando um contexto de confiança e confiabilidade que torne possível um diálogo transparente. Logo, mediante ferramentas dialógicas, conduziria o processo, ajudando o interlocutor a observar-se, a escutar e a escutar-se, a refletir, a planejar objetivos para si e a desenhar novas ações.

Perguntaria, por exemplo: para que você está me contando tal coisa? O que você gostaria que acontecesse com isso? Qual é seu objetivo ao contá-lo? Em que o que aconteceu a você incomoda ou prejudica? Qual a sua opinião a respeito? Como você se sente com isso? Quais são seus fundamentos para dizer isso? Em que você se baseia? O que você pensa e não diz? Em que dizê-lo prejudica ou beneficia você? Qual é o benefício ou prejuízo em não dizer? Que poderia fazer? Ou – em outras palavras – que ação poderia levar a cabo para ficar em paz, agindo com dignidade e sem causar dano à relação?

Segundo Echeverría, "os julgamentos sempre falam de quem os emite. Um aspecto fundamental da disciplina do *coaching* consiste em aprender a lidar com os julgamentos que as pessoas fazem, como janelas da alma humana".[10]

Essa distinção é extremamente importante para a escuta ativa do *coaching* porque, como veremos logo, um dos passos fundamentais do processo é muitas vezes trabalhar em cima da narrativa do *coachee* para ajudá-lo a discriminar e a desarticular falsas crenças sobre algumas questões que, sendo opiniões, são vistas como fato.

A partir desse conceito – e dos efeitos do *coaching* –, podemos entender que observações e julgamentos direcionam o conceito de ação. Ter clareza ao fazer essa distinção nos possibilitará atuar com maior eficiência. Ambos se complementam, abrindo enormes possibilidades de ação.

Método de Investigação das Duas Colunas. A Coluna Esquerda: do que Falamos Quando não Falamos do que Deveríamos Falar?

"Engula sapos e vomitarás dragões."
Ditado popular

Muito tempo atrás, praticando a psicologia no hospital, escutei da boca do meu superior a seguinte frase: "Toda libido que não se expressa como carícia ou como insulto fica internalizada e finalmente se transforma em tóxica". Anos depois, essas palavras adquiriram maior sentido, quando adotei o método desenvolvido por Chris Argyris e Donald Schon.[11] A idéia central desse método é tomar consciência de um subtexto que subsiste em todas as nossas conversas. Esse subtexto, nem sempre consistente, está formado por suposições tácitas e implícitas, que geralmente acabam sendo deslocadas, ocultadas ou negadas, mas que, não

[10] *Ontologia del lenguaje*, citado, p. 121.

[11] *Theory in practice*, Jossey Bass, San Francisco, 1974.

obstante todas essas ações, continuam estando presentes nas conversas, provocando muitas vezes situações não desejadas no nível pessoal ou no interpessoal e também na eficácia do que esperamos como resultado.

Esse subtexto acaba por se tornar pensamento e todo tipo de julgamento que são evitados por considerarmos perigosos de serem ditos. A importância dessa metodologia consiste em explorar esses julgamentos e aprender a expressá-los honesta e honradamente, já que guardam em si uma poderosa riqueza que nos possibilitará desenhar e redesenhar diálogos.

Anos atrás, fui proprietário de uma chácara na qual tive a natureza como uma das minhas maiores mestras e onde todos que passamos pelos cursos que ali foram organizados fizemos grandes aprendizados de vida. Além da horta, tínhamos um galinheiro, ovelhas e vacas. Ricardo, o engenheiro agrônomo que organizava a nossa horta, ensinou-nos como fazer o composto que logo tornaria a terra que semeávamos mais rica e produtiva. O composto tinha lixo orgânico e, entre ele, excremento de vaca. Para muitos, sobretudo os habitantes da cidade, pegar "isso" com as mãos, a princípio, não era nada agradável, já que o observador que éramos via apenas "bosta". Com o passar do tempo, a prática nos ajudou a transformar o observador que éramos, e o que antes considerávamos lixo se transformou em "fertilizante". Vimos um mundo com sentido diferente. Encontrávamos "nisso" uma poderosa riqueza que potencializava nossos produtos.

Por que esse relato? Pela analogia que tem com a coluna esquerda, com o subtexto em nossas conversas. Se, em vez de negá-los, aprendermos a processá-los, veremos que guardam em si um enorme potencial.

Não faz muito tempo, em escavações que aconteceram em Buenos Aires, na zona onde foi construída a cidade colonial, foram encontradas no fundo de uma cisterna lixos, restos de louças e vários utensílios. O que muitos séculos atrás foi jogado ali como "lixo", nos nossos dias se transformara em fonte de uma enorme riqueza para a investigação de culturas passadas.

O que é a coluna esquerda e como processá-la?

"Coluna esquerda é uma técnica para 'ver' como funcionam nossos modelos mentais em situações particulares. Revela como manipulamos as situações para não demonstrar nossos verdadeiros sentimentos e pensamentos fazendo obstáculo para a correção de uma situação contraproducente."[12] Em situações de conflito, perdemos oportunidades para aprendizagem.

Como está acontecendo comigo neste momento, enquanto estou escrevendo, podemos concordar que o pensamento é mais rápido que o movimento das mãos; em toda conversa, também acontece de ter coisas que não dizemos.

Muitas vezes, não as mencionamos pelo simples fato de que pensamos com mais rapidez do que falamos; outras, porque são coisas irrelevantes para a conversa; em certas ocasiões, nem sequer tomamos consciência de coisas que pensamos em fração de segundo. Mas muitas, muitíssimas vezes, tomamos consciência, sim, de coisas que são mais que relevantes, e mesmo assim as evitamos, deixando-as em um espaço à parte do que explicitamente dizemos e deixamo-las cair em uma coluna imaginária e à parte, à esquerda.

Isto é, se transcrevêssemos em uma folha de papel a gravação de uma conversa, teríamos o que foi dito explicitamente nela. Da mesma forma, se fosse a transcrição de uma conferência, uma entrevista etc. Mas aceitemos que quem quer que estivesse naquele diálogo existiram coisas que foram pensadas e sentidas, mas não ditas, por alguma(s) das razões expostas acima.

Como cineasta amador, aprendi que uma forma de escrever roteiros consiste em dividir uma folha pela metade com uma linha vertical. Do lado direito, escrevemos o que cada personagem diz, e do lado esquerdo, escrevemos a ação que se realiza. No método de duas colunas, segundo Argyris e Schon, colocaremos no lado direito o que os protagonistas da conversa dizem explicitamente, e na coluna da esquerda, os pensamentos e os sentimentos evitados.

Vejamos um exemplo na página seguinte.

[12] Peter Senge. *La quinta disciplina*. Editorial Granica, Barcelona, 1992, p. 248.

Diálogo entre Daniel (Líder do Projeto) e Frederico (Diretor da Área). Escritório do Diretor

Coluna da esquerda: pensamentos e sentimento não-ditos	*Coluna da direita:* o explícito; o que foi dito
Como você está de ânimo hoje?	Daniel (D): Oi, Fred. Bom-dia. Frederico (F): Bom-dia. Vamos, entre.
Está de mau humor. Certamente, nada o conformará.	D: Desculpe a demora, muito trânsito.
Muda de desculpa! Sempre chega tarde! Ai, me tira do juízo! Prefiro olhar logo o projeto.	F: Vamos direto ao assunto, em dez minutos tenho outra reunião.
Sempre tem outras prioridades. Nunca tem tempo para as minhas coisas. Atrasei-me porque nunca tive a oportunidade de me reunir com você antes.	D: Aqui está o projeto terminado. Estamos um pouco atrasados, mas finalmente terminamos. F (folheia rapidamente): Deixa comigo que mais tarde vou olhar com mais atenção.
Outra vez o mesmo. Todo dia me dá vontade de mandá-lo para o inferno. Depois faz mudanças sem me consultar; nunca um elogio. Espero que não roube a autoria.	D: Ok. Depois me diz o que achou. A equipe está ansiosa e entusiasmada com o projeto.

Nesse caso, Daniel e Frederico são conscientes da forma da sua relação. Ambos queriam relacionar-se de outra maneira. Técnica e profissionalmente são competentes, e nesse aspecto se respeitam; mas ainda que não explicitamente, mas nas manifestações das suas ações se declaram incompetentes na possibilidade de modificar o decorrer de seu vínculo pessoal. A resposta é um convite à hipocrisia, resolução que não é gratuita, já que tem o alto custo de terminar afetando os dois não apenas no âmbito interpessoal, mas também no pessoal (irritação, mal-estar físico, insônia, desmotivação etc.), questão que se estende à equipe e aos resultados na tarefa.

Exemplos como o precedente se repetem permanente e cotidianamente. Aprendermos a aproveitá-los traz uma enorme oportunidade para desenhar ou redesenhar conversas, reparar situações que nos deixaram insatisfeitos, gerar diálogos transparentes e aprofundar vínculos com maior confiança e confiabilidade. E, claro, os resultados que esperamos também serão mais produtivos.

Quais são os conteúdos de uma coluna esquerda? Bronca, rejeição, tédio, medo, desqualificação, intolerância, dúvidas, ressentimentos, desconfianças etc. Basicamente, estará cheia de julgamentos, além de nossas suposições, interpretações, sensações e emoções. E não apenas negativos. Mais do que achamos, encontraremos também sentimentos chamados "bons", ou positivos, como a ternura e o amor (por exemplo, quantas vezes nós homens não dizemos a um amigo o quanto gostamos dele?).

Por que não expressamos esses pensamentos e sentimentos que ficam na coluna esquerda? Porque se o fizermos, teremos medo das conseqüências não desejadas, de ficarmos expostos, da retaliação, de sermos malconceituados, desqualificados, perder o emprego, romper um vínculo etc. (Qual seria a conseqüência não desejada de dizer a um amigo o quanto gostamos dele? Quem sabe, simplesmente, sentir vergonha.)

O que acontece, então, é uma situação aparentemente sem saída, sem solução: se expresso a coluna da esquerda, a conseqüência é indesejada; mas, se a escondo, as conseqüências, ainda que aparentemente tranqüilizantes em curto, médio e longo prazos, também são negativas e provocam o mesmo resultado.

O que fazer, então?

A proposta é que transformemos o que foi rejeitado na coluna esquerda em um poderoso "fertilizante".

Coaching e Método das Duas Colunas. Pauta-chave para a Intervenção do *Coach*

Colaborar com o *coachee* para a aprendizagem de processar seus diálogos internos é um dos procedimentos mais enriquecedores do *coaching*. "As palavras, os sentimentos e as imagens que aparecem em sua coluna esquerda não podem ser deslocados, eliminados ou evitados. A coluna esquerda não é uma escolha, acontece com independência da vontade da pessoa."[13] Em outras palavras, não posso escolher ter ou não ter; ela simplesmente aparece. Um exemplo que acho simpático é imaginarmos que estamos empurrando um carrinho de supermercado entre as prateleiras. Colocamos nele os produtos que vamos escolhendo; e, de repente, vemos no interior do carro que existem outros artigos que nem desejamos nem escolhemos. Nós os tiramos e os colocamos em uma prateleira para continuar nosso caminho, mas daqui a pouco o mesmo volta a suceder. E novamente nosso carrinho está cheio de artigos e objetos indesejados. Quem os colocou ali? Como chegaram ali se não os queremos? E, assim, repetida e ininterruptamente. Essa é a nossa coluna esquerda. Cheia de pensamentos, sensações, imagens; não desejadas, desnecessárias. Na realidade, não temos coluna esquerda; ela é que nos tem. Não existe algo como "eu não tenho uma coluna esquerda, eu digo tudo que penso". Porque mesmo nesse caso, no momento que eu esvazio a coluna da esquerda, logo ela se encherá com outro conteúdo. Pessoalmente, acredito que pensar não é pecado, não existe culpa pelo que eu penso, mas sim responsabilidade pelos meus atos. Eu posso escolher o que fazer.

Por exemplo, estou andando em um metrô cheio de passageiros. A senhora ao lado, com excesso de peso, não consegue se manter equilibrada, e sem querer me dá um pisão. Diante da irritação e da dor, minha reação automática é cerrar os punhos, apertar os dentes e pensar um impropério. A senhora pede desculpas e eu, amavelmente, sem compartilhar minha coluna esquerda, respondo: "Não tem problema". Não escolhi fechar os punhos agressivamente, nem pensar o que pensei. Apareceu. Mas posso, sim, escolher minhas ações: agredi-la ou amavelmente aceitar suas desculpas. Não se trata de passarmos a vida

[13] Fred Kofman, *op. cit.*, p. 47.

inteira processando nossas colunas esquerdas. Existem diálogos ou situações relevantes, e outros não, como nesse caso que terminou com as desculpas, que contribuem para a boa convivência.

Como trazer para a coluna direita nossas suposições ocultas da esquerda? Quando fizer isso, não tente dar um enfoque de estar sendo sincero. E também não se trata de embelezar a coluna esquerda redefinindo seu pensamento com um toque de amabilidade cosmética. Como assinala Robert Putnam, talvez seja conveniente calar alguns pensamentos da coluna esquerda. Nossos censores internos, às vezes, são bastante sábios, pois esses comentários causariam estragos se fossem ditos em voz alta. O objetivo é expor as suposições e mal-entendidos cuja resolução irá contribuir para uma conversa frutífera no futuro.[14]

Como Processar Nossos Julgamentos

Falando de ferramentas dialógicas, junto com as distinções fundamentais no *coaching*, articulamos distinções da linguagem. Nesse caso, serão os julgamentos ou as opiniões da nossa coluna esquerda que serão passíveis de depuração (não-cosmética), processamento ou desintoxicação. Muitos problemas da coluna esquerda são produzidos porque confundimos fatos com opiniões. Como dissemos antes, transformamos nossas opiniões em fato e agimos como conseqüência. E mais, muitíssimas vezes agimos com arrogância; afirmamos como verdade "tudo o que você diz é meramente uma opinião, mas, ao contrário, se sou eu que lhe digo alguma coisa, trate-o como um fato".

Algo para se relembrar e destacar é que as observações são descrições de "fatos objetivos", confirmáveis por qualquer membro de uma mesma comunidade lingüística. Os juízos e as opiniões são descrições subjetivas. Descrevem como cada pessoa em particular (observador) vê e dá sentido a uma situação que, por sua vez, está condicionada pelo filtro de seus modelos mentais. Então, e para efeito de uma melhor compreensão, respeito o modelo das duas colunas e sua relação com os julgamentos. Devemos ter clareza em uma distinção: quando descrevemos observações ou fatos, estamos falando do mundo; mas, quando emiti-

[14] Rick Ross y Art Kleiner. *La quinta disciplina en la práctica*. Editorial Granica, Barcelona, 1995, p. 260.

mos julgamentos e opiniões, estamos falando mais de nós mesmos, e da perspectiva particular que como observadores temos acerca do mundo.

Por exemplo:

- Meu chefe é injusto.
- Xadrez é difícil.

Ambas as formulações são julgamentos, porque o xadrez não é nem fácil e nem difícil. É um jogo. Meu chefe é uma pessoa com um papel hierárquico superior, mas não é justo nem injusto. Fácil, difícil, justo e injusto são apreciações que falam mais da pessoa que as emitiu que do objeto ou da pessoa do(a) qual se falou.

O que é relevante, como faço para expressar meu diálogo interno sem fazer dano a mim, ao outro ou à relação? O que eu faço com a minha honestidade? Como mantenho minha dignidade se atuo contrariando meus valores (respeito, humildade, compaixão etc.)? Como fazer para nem engolir sapos e muito menos vomitar dragões? Vejamos:

- O xadrez é difícil.
- O lápis é preto (supondo que o que estamos vendo é preto).

Sintaticamente, essas duas orações são iguais, possuem sujeito e predicado; mas a primeira é uma opinião (já que muita gente não acha difícil) e a segunda, um fato.

Como processar a opinião? *O xadrez é difícil*. Do que estou falando, qual é o sujeito? O xadrez.

Um primeiro passo para processar seria, como vimos quando falamos de julgamentos, "apropriarmo-nos" da opinião: ***eu** acho que o xadrez é difícil*. Quem é o sujeito agora? Eu. Para muitas situações, esse primeiro passo será suficiente, mas, em algumas conversas, não gera muitas mudanças, já que continuo falando do xadrez mais do que de mim.

Um segundo passo para ir mais profundo é buscar aquela verdade mais essencial que está por trás dessa formulação. Por exemplo, *é difícil para mim aprender a jogar xadrez*. Ainda que o mencione, já não falo do xadrez, mas sim de mim. A oração está mais focada no sujeito que fala. Tratar-se-ia não de definir a coisa ou a questão, mas da minha relação com a coisa ou a questão.

Como seria isso em uma afirmação ou conversa mais comprometida ou difícil (dessas que preferimos deixar cair na coluna esquerda)?

Por exemplo:

- Suas propostas são bobas. (Sem processar)
- Eu acho que as suas propostas são bobas. (Primeiro passo desintoxicante)
- Não concordo com suas propostas ou Tenho uma opinião diferente. (Segundo passo)
- Você é insaciável
- Eu acho que você é insaciável.
- Não sei o que fazer para satisfazê-lo.

Qual é a verdade essencial nessas afirmações? Qual é o objetivo ao expressá-las? É denegrir o outro ou tomar uma decisão acertada? Nas duas primeiras linhas, falamos do outro, e o fizemos de forma desqualificadora. Na última, dialogamos com o outro manifestando desacordo, e respeitosamente convidamos o interlocutor a escutar nossa opinião. O interesse está em chegar a alguma conclusão que nos guie a uma tomada de decisão correta.

Se tomarmos como exemplo a conversa anterior entre o líder de projeto e seu chefe, reconheceremos que a necessidade essencial de Daniel é ser reconhecido na tarefa pelo seu diretor e, mais ainda, por trás disso, recuperar a motivação perdida. Sua necessidade não é "vomitar dragões" (nem continuar "engolindo sapos"). Se o fizesse, provavelmente sentiria um alívio passageiro, mas as conseqüências não seriam boas. Nesse caso, a aprendizagem transformacional na qual implica o *coaching* tem como foco "processar" sua coluna esquerda, transformando-a em um poderoso fertilizante para expandir sua capacidade de ação efetiva. Calar seu diálogo interno é uma saída, mas aumenta sua falta de motivação; mandar tudo para o inferno é outra possibilidade de ação, mas perderia a possibilidade de desenvolver um projeto que o enstusiasme. Um antigo provérbio judeu diz: "Quando estiveres diante de duas alternativas igualmente ruins, escolha uma terceira!" A terceira possibilidade que surgiu no *coaching* desse exemplo foi "desintoxicar" a coluna esquerda, encontrar a verdade essencial por trás do enjôo e da frustração e desenhar um novo diálogo com seu chefe com o propósito de gerar uma resposta diferente.

Você é um ingrato (ou injusto).

Eu acho que você é um ingrato. Seria um primeiro passo, mas concordemos que não ajudaria muito.

Qual a sua emoção mais profunda? Dor.

Qual a sua necessidade? *Feedback*, motivação, reconhecimento.

Sinto-me magoado, ou chateado (e queria conversar com você sobre isso).

A partir daqui, poderia iniciar-se um diálogo em que o emissor formularia seu julgamento produtivamente de acordo com os cinco elementos que vimos no trecho sobre observações e julgamentos.

São incontáveis as sessões de *coaching* nas quais a consulta do *coachee* tem a ver com uma preocupação com a sua forma de ser a esse respeito. O que eu escuto repetidamente é: "Eu vou e digo tudo que penso de uma vez. Sei que as pessoas não gostam; mas eu só estou sendo sincero". "E como você está indo assim?" É o que eu pergunto. "Mal pra caramba!" É o que me respondem. "Então, qual o sentido de continuar fazendo dessa maneira? Qual o seu objetivo final?" Pergunto.

Não se trata de dizer "toda" a verdade, nem mesmo de trair nossos valores. O sentido último seria, insistimos, como dizer "minha" verdade, com dignidade. Respeitando meus pensamentos e minhas emoções e também respeitando o outro.

No *coaching* da coluna esquerda, podemos observar com muita clareza como se articulam, na prática, vários dos conceitos até aqui desenvolvidos. A princípio, e como sabemos, a coluna esquerda está repleta de julgamentos – muitas vezes transformados em fatos – e a tarefa do *coach* será ajudar a reconhecer e a discriminar. Logo, aparecem claramente os aspectos fundamentais como aprendizagem e responsabilidade. Aprendizagem, porque processar a coluna esquerda implica aprender a pensar de maneira diferente, a ser um observador diferente e a nos relacionarmos de modo diferente; responsabilidade, porque considero que somos co-criadores de nossa realidade e, a partir disso, escolhemos assumir o poder e a responsabilidade de dar novas respostas (geradoras) na ação. A pergunta implícita na indagação do *coach* ao *coachee* é: Quanta responsabilidade você está disposto a assumir? Como pode assumir responsabilidade frente a essa situação?

É simples, mesmo que não seja fácil! Por quê? Porque, como diz Senge, "as pessoas nao resistem à mudança, resistem a serem mudadas". Agir com essa visão requer um profundo compromisso pessoal com a mudança, com a coerência com relação aos valores que dizemos sustentar. A variável a se ajustar não é a coisa ou a situação, mas sim o observador que somos. Não se trata de mudar as regras do xadrez para torná-lo mais fácil, mas sim de nos esforçarmos longas horas para expandir nossa capacidade de jogar xadrez. Não se trata de mudar o outro; a variável da mudança é o próprio indivíduo. Novamente, respons(h)abilidade! A variável a se ajustar não será nem o jogo nem o chefe, mas sim o *coachee*, o observador.

As perguntas do *coach* em determinado momento do processo serão*: Qual é seu diálogo interno? Que coisas você pensa e sente que não está dizendo em determinada situação? O que vai fazer com isso? Qual a sua verdade mais essencial que se esconde por trás da coluna esquerda? Em que aspecto você é parte contribuinte dessa situação em que se encontra? Como você pode contribuir para gerar uma mudança nessa situação? Como dizer sua verdade sem se trair e sem trair seus valores? No *coaching*, a escuta e a indagação do *coach* para ajudar nessas distinções são mais que relevantes, e abrem novas possibilidades de ação efetiva.

Escada de Inferências

Vivemos em um mundo de sentidos. Como observadores do universo que somos, geramos crenças baseadas em observações. Para determinados fatos, baseamo-nos em dados do presente, somados a experiências do passado e com o filtro de nossos modelos mentais, somos capazes de emitir opiniões e definir ações.

* Ver os sete passos do processo.

Chris Agryris desenvolve o conceito de "escada de inferências: um caminho mental de crescente abstração que conduz a crenças errôneas".[15]

Assim como vivemos dando opiniões, não podemos evitar a coluna esquerda, tampouco tirar conclusões nem agregar sentido às nossas observações. Como funciona a escada de inferências em relação aos nossos julgamentos e às nossas ações?

Figura 5
A Escada de Inferências

Esse modelo descreve como atuamos baseando-nos em subjetividades que muitas vezes estão apenas muito sutilmente relacionadas com o que observamos. Analisando o esquema de baixo para cima, nosso processo de pensamento na construção de um julgamento seria o seguinte:

1. Temos os fatos, os personagens, as situações sobre as quais "objetivamente" se fazem ou dizem coisas.
2. Selecionamos dados, observações (filtradas pelo modelo mental do observador e que são relevantes para sua pessoa ou crença).
3. Articulamos esses dados, agregando-lhes sentido e fazendo uma interpretação à qual somamos inferências, suposições e crenças pessoais e culturais.
4. Tiramos conclusões (que passam a se transformar em "a" verdade).

---

[15] Chris Argyris. *Overcoming Organizational Defense*. Neefhan, Allyn and Bacon, Massachusetts, 1991, mencionado por Rick Ross, *op. cit.*, p. 253.

5. Com base nesses antecedentes, formulamos propostas de ação.
6. A ação propriamente dita.

Por exemplo, lembro-me da seguinte anedota que foi contada por um dos gerentes de uma empresa de telecomunicações em um de meus seminários:

1. Centro da cidade de Buenos Aires, meio-dia; congestionamento de trânsito e pessoas caminhando e desenvolvendo diferentes atividades. Um jovem vestindo jeans e camiseta corre com uma maleta na mão. A uns tantos metros mais atrás, seguindo-o com velocidade, duas pessoas vestidas como gente de negócios. Um agente de polícia começa, então, a perseguir o jovem que, sem resistir, pára diante da ameaça da polícia. Tenta dar alguma explicação e chegam ao local as outras duas pessoas.
2. e 3. De acordo com o observador, a seleção de dados e sua articulação provavelmente a conclusão tenha sido: o jovem é um delinqüente, roubou a pasta com dinheiro dos executivos que o perseguiam e foi parado pelo agente de polícia.
4. Diferentes observadores emitirão seus julgamentos: "Temos que matar todos eles", "a polícia não serve pra nada", "a insegurança nas ruas está cada vez maior", "que bobos os homens de caminhar sem segurança particular", "não se deve transportar dinheiro dessa forma", "foi bem merecido, pois são esses os mesmos que nos roubam" etc.
5. Proposta de ação: gritar pedindo auxílio, ou "melhor não se meter", ou "devemos colaborar e persegui-lo" etc.

Qual tinha sido a situação original? Era o último dia para a apresentação de uma licitação. Estavam atrasados e estava terminando o horário de entrega. Sérgio, o gerente que contou o episódio, um colaborador de uma equipe e um jovem estagiário estavam em um táxi muito preocupados com o engarrafamento do trânsito. Decidiram continuar a pé as poucas quadras que faltavam e, enquanto ele pagava o taxista, pediu ao estagiário que se apressasse para chegar antes que fechasse o escritório onde deviam entregar o projeto.

Quantas vezes na vida fazemos esse tipo de inferências? Quantas vezes inferimos que a preguiça de outra pessoa é falta de interesse ou tédio quando na realidade se trata de esgotamento, por ter cuidado da filhinha que esteve com febre a noite toda? E outras em que o silêncio do outro em uma apresentação é inferido como desacordo, rejeição ou pouca participação, quando poderia ser respeito, escuta ativa e reflexiva, ou simplesmente timidez? Daí às generalizações ou fundamentalismo é um pulo: "Os argentinos são...", "as mulheres acreditam...", "os judeus sempre..." etc.

Todos nós fazemos inferências e, às vezes, nossas interpretações coincidem com os fatos; mas muitas outras não, motivando enormes dificuldades de conversação e de interação. A inoperância, a falta de efetividade, a desconfiança, os enfrentamentos e os mal-estares nas relações passam a ser resultado da interação.

O que acontece é que, no lugar de subir degrau a degrau, a maior parte das vezes usamos um "elevador de inferências" e, diante somente da presença de alguns dados do degrau anterior, passamos rapidamente ao degrau das propostas ou da ação. (Senge as chama "saltos de abstração".)

Surge outro fator de inoperância quando em uma discussão, ou diante da apresentação de idéias ou propostas diferentes entre duas pessoas, acabamos ficando estancados em discussões estéreis por posição, e não por interesses (do tipo "eu tenho razão", "não! Eu tenho razão"). As exposições se tornam cada vez mais rígidas, ameaçadoras e emperradas porque nos acreditamos "os donos da verdade". Depois de subir no elevador de inferências, a interação se detém no degrau das propostas e, se não concordamos com a ação a seguir, jogamos a decisão para a frente com a conseqüente perda de tempo, recursos e paciência.

"Preste atenção nos seus pensamentos, porque se tornam palavras.
Escolha suas palavras, porque se tornam ações.
Entenda suas ações, porque se tornam hábitos.
Estude seus hábitos, porque se transformam em caráter.
Desenvolva seu caráter, porque ele mesmo se transforma em destino."

Sabedoria popular

ARGUMENTAÇÃO E INDAGAÇÃO. DUAS FERRAMENTAS DIALÓGICAS QUE NOS ENSINAM COMO SUBIR E DESCER PRODUTIVAMENTE PELA ESCADA DAS INFERÊNCIAS.

Argumentação e indagação, dois termos que parecem fazer referência a uma situação de cunho jurídico, em que o que se pretende é mostrar a culpabilidade de alguém, aqui aparecem com o sentido de um respeitoso e autêntico interesse por conhecer profundamente as formulações, idéias e propostas do interlocutor (um "legítimo outro", diria Humberto Maturana), e da mesma forma apresentar ou expor os próprios pontos de vista com eficiência.

Como apresentar com eficiência meu ponto de vista ou minha perspectiva?: *Alegação.* Como me aprofundar na perspectiva do outro?: *Indagação.* Para que fazer isso? Para não ficarmos em discussões improdutivas ou estéreis que, além de atrasar a tomada de decisões, terminam lesionando nossa auto-estima e servindo como obstáculo a uma comunicação mais aberta. Quantas vezes nós deveríamos nos declarar *experts* em incompetência pelo modo como apresentamos nossas idéias ou nossas propostas? Quantas são as vezes que escutamos com interesse legítimo as propostas do outro, em vez de estarmos esperando nossa vez de expor e mostrar que nossas idéias são melhores e/ou que o outro está equivocado? Quantas são as vezes que perguntamos, não com autêntico interesse, mas como uma forma de nos prepararmos para atacar em seguida com mais contundência?

"No mundo dos negócios, para obter e sustentar uma vantagem competitiva, a organização precisa de pessoal que seja capaz de combinar seu conhecimento técnico com os demais de forma cinegética (...). Essa associação se baseia em processos de comunicação efetiva. E esses processos estão apoiados na arte de equilibrar produtivamente o expor e o indagar."[16]

Se duas ou mais pessoas concordam em suas apreciações, não existe nenhuma dificuldade, mas quando as recomendações são distintas – Kofman continua dizendo –, "é necessário investigar o porquê das diferentes posições. Essas recomendações são conseqüência de opiniões

[16] Fred Kofman, *op. cit.*, pp. 100-101.

divergentes, e essas divergências são conseqüência de diferenças na informação, ou nos interesses e nos objetivos de cada um".

Essa maneira de ver as coisas é válida tanto no mundo dos negócios e das organizações quanto para qualquer aspecto de nossa vida pessoal. É um modo de observar o mundo no qual, apesar de acreditarmos legitimamente que a nossa proposta ou que a nossa recomendação é mais adequada, nos abramos, também com humildade, à possibilidade de estarmos fazendo inferências equivocadas, e que mesmo com os dados certos estejamos errando no nosso processo racional, ou ainda que pode ter havido aspectos que não foram considerados.

Sobre o que foi dito, o seguinte relato serve com exemplo.

Tratava-se de um cientista que treinava baratas para pular a distância. Depois de tê-las ensinado e querendo deixar documentada suas pesquisas, pôs uma delas em uma pequena pista de dez metros de comprimento. Frente a ordem: salta! O nobre inseto saltou enquanto o cientista fazia o registro com filmagens, fotos e notas que autenticavam sua hipótese (o mito diz que ele chegou até a gravar o som do arfar do esforço cometido). Nesse primeiro experimento, ele anotou que a barata pulou tres centímetros. Ato contínuo e sem hesitação, ele lhe arrancou duas de suas patinhas, colocou-a na linha de largada e deu a ordem de saltar. O cientista, com enorme serenidade, registra novamente o acontecido a fim de comprovar suas idéias. "Barata com quatro patas pula dois centímetros" e assim continua, até que, com imensa frieza, deixa-a sem patas. Novamente ordena que salte, mas a barata não responde à ordem. Salta! Dizem que repetiu a ordem vez após vez, mas sempre com o mesmo resultado: a barata não se movia. Ao fim, depois de deixar tudo devidamente registrado, o cientista anota: baratas sem patas... se tornam surdas!

O sentido desse conto é colocar em evidência como às vezes, apesar de termos os dados e os fatos, chegamos a conclusões erradas ao equivocar o nosso processo de pensamento lógico

- *Alegar produtivamente* é apresentar ou expor nossas opiniões ou nossos julgamentos, propostas e idéias subindo degrau por degrau na escada de inferências, trazendo à consideração de outros o processo lógico que nos levou de tais dados a tais conclusões.

- *Indagar produtivamente* é não apenas tomarmos conhecimento adequadamente de uma exposição, mas também colaborar com aquele que faz sua apesentação, interessando-nos autenticamente por suas opiniões e o ajudando ativa e honestamente a subir e/ou a descer degrau por degrau através do seu processo de raciocínio.

Podemos ver de modo concreto apresentando as ferramentas em forma de roteiro:

- *Alegar produtivamente (apresentação de uma opinião, idéia, proposta, projeto etc.)*

1. Formular a opinião.
2. Expor dados, observações, exemplos.
3. Padrão e processo de raciocínio.
4. Objetivo, preocupação, incumbência.
5. Proposta completa de ação.
6. Checar a compreensão e perguntar ao interlocutor.

No item 1, o que fazemos é responsabilizar-nos, apropriar-nos da opinião. É um princípio básico de humildade, na qual declaro que o expressado não é "a" verdade, mas sim "minha" verdade. É "minha" perspectiva.

Em 2, explicarei todos os elementos que constituem o suporte sobre o qual se baseia minha opinião ou minha conclusão.

Em 3, expressarei qual é o padrão que uso e o raciocínio lógico que que me leva desses dados a essas conclusões.

4. É o "para quê". Qual é o interesse particular, o objetivo, ou como me afeta o que estou expondo.
5. Baseado no passo anterior, irei sugerir aquelas ações que, ao meu entender, nos aproximam dos objetivos ou dos resultados desejados.
6. Verificar se a exposição foi suficientemente clara e convidar o(s) interlocutor(es) a participar de forma ativa com perguntas como: qual sua opinião a respeito? Existem dados diferentes ou observações que não considerei? Existe algum erro no meu raciocínio? Considera que há outra ação ou proposta que seja mais efetiva?

Tanto o roteiro anterior como o que detalharemos em seguida, para fins de indagação, são roteiros padronizados. Cabe destacar que a ordem dos fatores não altera o produto. Cada pessoa tem uma forma particular de se expressar, com a qual se sente mais confortável. Na minha experiência, alguns *coachees*, respeitando seu estilo pessoal, preferem começar no ponto 4, dizendo qual é o seu objetivo. Ou do ponto 2. Para outros, parece melhor alterar a ordem entre o 5 e o 6, ou começar a expor a partir de uma proposta de ação para então fundamentar. Independentemente da ordem, o que é realmente importante é que todos os itens do roteiro tenham sido passados.

- *Indagar produtivamente (conhecermos a outra perspectiva e colaborar com a exposição).*

1. Escutar com autêntico interesse e aceitar respeitosamente (mesmo que em desacordo).
2. Solicitar dados, observações, exemplos etc.
3. Perguntar por padrões e analisar o raciocínio lógico.
4. Objetivos, desejos etc.
5. Indagar propostas.
6. Reflexão compreensiva.

Podemos observar que essa ferramenta é um "espelho" da alegação, com os mesmos itens, mas com o ponto de vista do que escuta, com um autêntico desejo de colaborar e apreender, e não para competir e usar palavras para desqualificar o outro. Recomendamos abster-se de perguntar se não estamos genuinamente interessados na resposta.

Em 1, a partir do princípio elementar do respeito, trata-se de praticar a escuta ativa e respeitar a opinião do outro – como um legítimo outro –, mesmo que não concorde com ela.

Em 2, para o caso de a pessoa que estiver expondo não tenha apresentado dados ou esses não estejam tão claros, perguntar-lhe. Assim como os pressupostos e a imagem concreta à qual se apliquem as observações.

Em 3, trata-se de entender como nosso interlocutor chega a determinadas conclusões a partir dos elementos anteriores. Em outras palavras, checar as inferências.

Em 4, tentaremos através de indagações vincular o que foi dito com os objetivos e com os resultados esperados.

Em 5, trata-se de indagar sobre as sugestões ou as propostas que derivam do seu raciocínio; ver como afetariam suas ações; e quais seriam as conseqüências desejadas e não desejadas etc.

O passo 6 é muito importante. *Não é repetir textualmente o que o interlocutor falou, mas sim checar o que escutamos, expressando em palavras próprias o que interpretamos das palavras do outro. Nem sempre "o que eu escuto é o que você disse" nem "o que eu digo é o que você escuta"*. (Recordemos o filtro dos modelos mentais.) Então, o que fazemos é checar se nossa compreensão é correta e coerente com o que escutamos, resumindo o que foi falado a partir da nossa compreensão. Por exemplo: "Vamos ver se eu entendi bem. De acordo com o que você disse... (*resumo compreensivo), ou* segundo o que eu escutei, o que você disse foi ... (*resumo*)... *é isso mesmo?...*" Não apenas evidenciamos que escutamos respeitosamente, mas também abre possibilidades de correção e ampliação.

Uma vez que tenhamos entrado em acordo sobre a compreensão, poderemos, utilizando-nos de uma alegação produtiva, agregar elementos a aspectos não considerados, mostrar desacordos e/ou simplesmente dar início a um diálogo produtivo orientado à aprendizagem e à ação.

A porta da verdade estava aberta,
mas só deixava passar
meia pessoa de cada vez.
Assim não era possível atingir toda a verdade,
porque a meia pessoa que entrava
só trazia o perfil de meia verdade,
e a sua segunda metade
voltava igualmente com meios perfis
e os meios perfis não coincidiam com a verdade...
Arrebentaram a porta.
Derrubaram a porta,
chegaram ao lugar luminoso

onde a verdade esplendia seus fogos.
Era dividida em metades
diferentes uma da outra.
Chegou-se a discutir qual
a metade mais bela.
Nenhuma das duas era totalmente bela
e carecia optar.
Cada um optou conforme
seu capricho,
sua ilusão,
sua miopia.

A Verdade
(Carlos Drummond de Andrade)

Coaching e a Escada de Inferências. Pauta-chave para a Intervenção do *Coach*

Dissemos que o *coaching* é um processo de aprendizagem. É intelectual, corporal, emocional e também espiritual; mas fundamentalmente – ainda que com o uso de outras técnicas – é um procedimento que se sustenta na linguagem.

Em seu caráter de detetive, o *coach*, mediante as ferramentas dialógicas, indagará profundamente até mesmo naquelas coisas que parecem óbvias do ponto de vista do *coachee*. Junto com ele, buscará verificar degrau a degrau a verdade de suas inferências em juízos e raciocínios.

Trabalhando com as brechas (o que eu posso – o que eu quero), uma pergunta elementar do *coach* é: "Quais julgamentos você faz acerca dessa brecha?" Em outras palavras: Qual a sua opinião sobre esse "problema"? Quais são os dados que você tem para fazer essa afirmação? Em que se fundamenta? Qual é sua preocupação ou incumbência? O *coach* pergunta e convida o *coachee* a questionar-se. O *coaching* é um convite permanente. Nesse processo, é freqüente que se suba e se desça pela escada, explorando nas inferências uma determinada situação. É aí que descobrimos que muitas vezes nossas opiniões, a partir das quais atuamos no mundo, encontram-se distorcidas por crenças infundadas que foram construídas em um "elevador de inferências".

A sessão de *coaching* pode ser também o momento no qual desenhamos e redesenhamos uma conversa para a ação efetiva. Às vezes, basta revisar a maneira pela qual o *coachee* alega ou indaga para que ocorram profundos *insights* com relação ao dar-se conta e considerar como é parte contribuinte em cada situação.

Aprender a equilibrar essas ferramentas ajuda a destravar situações nas quais havia apenas confrontação. Construímos e projetamos futuro. Pode ser frente a uma reunião, apresentação de projetos, continuar um diálogo ou processo que acabou ficando truncado, postergado ou que não foi satisfatório. Trata-se de ver como encarar temas e/ou situações com efetividade, transformando o conflito em cooperação. Isso não é garantia de êxito, mas gera contextos de confiança que, por sua vez, possibilitam diálogos mais abertos e transparentes.

Compromissos e Recompromissos Dialógicos

Tanto no mundo dos negócios quanto na vida pessoal, estamos, permanentemente, coordenando ações através de nossas conversas. As conversas de *compromisso* e *recompromisso* são atos lingüísticos, assim chamados porque o que fazem é *gerar um compromisso para a ação*. Dividimo-nos em:

- Compromissos (*pedidos, ofertas e promessas*).
- Recompromissos (*reclamaçõess e desculpas*).

O que aparenta ser um simples intercâmbio de pedido e promessa acaba sendo atravessado por uma série de crises que provocam comunicações equivocadas, desconfiança e confusão, ferindo vínculos e fazendo diminuir a efetividade.

Na seqüência, trabalharemos essas conseqüências e o modo de melhorar a eficiência e o modo de evitar essas crises. Finalmente, exploraremos a relevância que essas distinções têm no efeito do *coaching*. Lembremos que *linguagem é ação*.

A ação cria algo novo. Quando dizemos: "Vamos adiar a reunião para a próxima semana", estamos criando algo, pois tal proposta afeta os planos e as ações de todos aqueles que estão envolvidos no encontro. Por isso, sustento que a linguagem é geradora, cria possibilidades antes inexistentes.

Com a linguagem, geramos e coordenamos ações.

Compromissos Dialógicos

Ao falar de coordenar ações, é necessário deixar claro que isso é essencial para a conquista dos objetivos de maneira eficiente, e que sua ferramenta principal é a linguagem. A coordenação de ações nos permite projetar nossos interesses e planejar o futuro. Através de um pedido, damos início a uma série de movimentos de coordenação a qual chamamos "compromisso dialógico".

Esses *compromissos dialógicos* se estruturam em torno de *promessas*, *ofertas* e *pedidos*, o que implica compromissos tanto de quem fala quanto de quem escuta. Trata-se de atos lingüísticos primordiais para coordenar ações. Tal coordenação e a comunicação efetiva são a essência para uma gestão empresarial de sucesso e uma relação adequada na nossa vida.

Promessas

A promessa é um ato lingüístico pelo qual quem promete se compromete a realizar algo no futuro, no qual nos permite planejar de modo mais eficiente. Como a promessa leva consigo um aspecto de restrição (pois, se me comprometo, por exemplo, a estar em uma reunião às 11 horas, isso fecha a possibilidade de fazer outra coisa nesse momento), com freqüência, evitamos comprometer-nos, pois assim pareceria que podemos manter uma maior liberdade. Entretanto, agir dessa maneira é insustentável, já que a falta de compromisso provoca desconfiança, que afetará tanto a tarefa quanto as relações interpessoais.

Cada promessa envolve dois processos diferentes: fazer a promessa e cumpri-la. Fazer a promessa não é uma declaração, mas sim uma conversa na qual pelo menos dois falantes chegam a uma compreensão compartilhada. Isso ocorre por dois caminhos principais, isto é, **A** oferece uma promessa que **B** aceita (**A** está comprometido), ou **A** pode pedir uma promessa que **B** aceita (**B** está comprometido). *Sem aceitação, não existe compromisso.* É importante assinalar isso, já que, em muitas ocasiões, existem crises como conseqüência de se supor de maneira automática que determinados pedidos são suficientes para formalizar o compromisso por parte do outro sem se levar em conta sua resposta. Vale assinalar também que para dar por cumprida uma promessa se requer uma declaração de satisfação por parte de quem a recebeu. Se eu aceito seu pedido de entregar um trabalho às 15 horas, minha promessa permanece aberta até que você concorde que eu cumpri com as condições de satisfação estipuladas na promessa. Por exemplo, eu poderia entregá-lo no horário combinado, mas você pode considerar que ele está incompleto, ou desordenado em algo que você considera importante. Então, eu não terei cumprido a promessa. Do contrário, se o resultado reúne as condições de satisfação, declaramos que a promessa foi cumprida.

Interpretações equivocadas sobre esse ponto dão lugar a muitas crises. A pessoa que faz a promessa carece de autoridade para declarar que ela foi completada; para isso, é necessária a declaração de satisfação por parte de quem recebeu a promessa.

Ofertas e Pedidos

"Um pedido é uma ação lingüística para obter uma promessa por parte de quem escuta. Para fazer promessas, é necessário o consentimento mútuo entre as partes e, para isso, podemos proceder através de duas ações diferentes: pedidos e ofertas. Ambas são ações de abertura para concretização de uma promessa."[17]

Em que diferem uma da outra? Quando se trata de um pedido, a ação pedida – no caso de ser aceita – será executada pelo receptor ouvinte para satisfazer uma inquietude do solicitante. Se a ação se inicia como uma oferta, a ação oferecida – se aceita – se constitui em um compromisso do emissor, que toma para si uma inquietude do receptor. "As ofertas são promessas condicionais que dependem da declaração de aceitação do ouvinte."[18]

[17] Echeverría, *Ontología del lenguaje*, p. 93.

[18] *Idem*, p. 94.

A seguir, apresentaremos certas formas que podemos utilizar para analisar essas ações lingüísticas. Essas se sustentam na convicção de que a clareza na comunicação nos permite atuar mais efetivamente. A saber:

- Eu lhe peço que faça X no tempo Y.
- Eu lhe ofereço fazer X no tempo Y.
- Eu lhe prometo fazer X no tempo Y.

Como base para analisar e exemplificar os elementos que encontramos nos três atos lingüísticos mencionados, utilizaremos o pedido.

Elementos mais destacáveis de um pedido

- *Falante:* eu lhe peço que faça X no tempo Y. Há alguém responsável que faz o pedido e com poder para determinar se foram cumpridas as condições de satisfação. Se o falante é indefinido, por exemplo, se uma pessoa diz "foi solicitado que reduzíssemos os investimentos por 60 dias", os empregados podem perguntar-se "quem solicitou?", "que significa reduzir?" etc.
- *Ouvinte/receptor:* eu lhe peço que faça X no tempo Y. O pedido está dirigido a alguém. Existe alguém que tem de aceitar ou declinar e se comprometer (ainda que depois delegue a tarefa a outra pessoa). Quando falta o receptor, não fica claro quem deve realizar as ações; por exemplo, torna-se difícil encontrar clareza se eu digo: "Alguém pode conseguir cadeiras para a reunião?", então não existe compreensão sobre quem se compromete a fazer o quê. Até que "alguém" adquira entidade, existe somente um pedido que não se concretizou em uma promessa.
- *Condições de satisfação (incluindo o tempo):* eu lhe peço que faça X *no tempo* Y. Se as condições de satisfação estão mal especificadas, ou se são mal-entendidas, no lugar de uma situação efetiva, haverá uma crise. Vale como exemplo o caso real de uma empresa produtora de alimentos que solicita ao seu fornecedor cinco toneladas de farinha para serem entregues às 5 horas, na porta do depósito. O pedido assim formulado e o compromisso do receptor, aparentemente correto, geraram sérias dificuldades ao se fazer a entrega em sacos de 10kg, quando a necessidade era em embalagens de 1kg, para serem distribuídos no comércio vare-

jista. A responsabilidade da imprecisão foi de ambas as partes; o pedido não especificou claramente as condições de satisfação e quem o requisitou, também não. Nesse sentido, torna-se essencial verificar com o receptor se sua escuta do pedido é congruente com o que quisemos comunicar como emissores. As condições de satisfação se referem não apenas ao tempo, mas também ao *como*, ou seja, que requisitos ou condições devem se reunir na solicitação.

Uma distinção de suma importância é a que se estabelece entre um *pedido* e um *desejo*. Enquanto o desejo expressa mais uma *aspiração*, o pedido expressará *condições de satisfação observáveis*. Uma coisa é dizer "gostaria de maior dedicação sua", e outra é dizer "peço-lhe que respeite o horário de início das reuniões". Na primeira, expresso um desejo, uma aspiração, mas, se não indico com clareza condições de satisfação observáveis, o interlocutor poderá ter uma idéia diferente com respeito ao que é "maior dedicação", conseqüentemente, suas ações serão insatisfatórias. Ou também poderia ficar confuso, perguntando-se o que deveria fazer para que o solicitante considere que está se dedicando mais.

- *Mensagem:* é fundamental que o pedido seja expressado de modo tal que possa ser recebido por quem deverá encarregar-se dele e que, além disso, dê uma resposta. A promessa só é validada como tal quando o pedido foi escutado e aceito por quem promete. São inesgotáveis os exemplos de problemas que se produzem como conseqüência de enviar e-mails ou de deixar mensagens gravadas dando por certo que o pedido foi efetivo. Para que o ouvinte responda, é necessário que uma solicitação ou uma oferta seja efetivamente formalizada, que não estará concluída até que se feche como um compromisso, em qualquer de suas formas, como veremos mais adiante.
- *Para que/interesse:* é importante destacar também que a escuta efetiva não consiste simplesmente em compreender o pedido, mas compreender os interesses por trás do pedido. Não apenas o *que, como, por que, para quem,* mas também o *para quê*. E, como se diz, "em casa de ferreiro, espeto de pau", quem escreve essas linhas

também não fica livre de cometer erros. Vale como exemplo o seguinte: Em certa oportunidade, pedi a Mirta, minha assistente, que me preparasse, para as 8 da manhã do dia seguinte, um relatório com a temática desenvolvida e a avaliação dos resultados de uma jornada de capacitação gerencial que havíamos concluído. Ainda pedi que, além disso, escrevesse esse relatório com espaço duplo. Ela, a quem considero muito eficaz e responsável, não apenas ficou no escritório até depois do horário, como também pediu ao seu marido que buscasse a filha na escola e terminou levando o trabalho para casa, para poder satisfazer meu pedido. Na manhã seguinte, tal como havia-se comprometido, entregou-me o trabalho. Para meu assombro e preocupação, ainda que o trabalho estivesse impecável, e tivesse até gráficos, não me senti satisfeito. O que aconteceu? Eu tinha me "esquecido" de especificar que precisava dele para participar de uma exposição de painéis em um congresso, no qual os expositores teriam apenas 15 minutos para a apresentação inicial. O informe de Mirta consistia em mais de 20 páginas, impossíveis de serem apresentadas em tão pouco tempo. Assumi a parte de responsabilidade que me cabia e o erro se constituiu em uma grande oportunidade de aprendizagem para ambos. Eu devia ser mais claro nos meus pedidos, especificando para que e as condições de satisfação e, diante de um pedido, ela aprendeu a perguntar mais quanto aos requisitos.

Quem faz o pedido deve-se colocar no lugar de quem o escuta, avaliando qual é a informação de que necessita. Quem escuta/recebe um pedido também tem a responsabilidade de indagar, solicitando as devidas informações.

Amiúde se escutam respostas a um pedido que acabam sendo insatisfatórias, porque ficam abertas a múltiplas interpretações como, por exemplo, "vou ver", ou "faremos o possível", provocando uma vagueza que dá margem a mal-entendidos. *O pior que pode acontecer depois de um pedido efetuado* não é que me digam não, mas sim *não saber ao que me ater*. Por exemplo, se alguém me dá como resposta "deixa eu pensar sobre isso", o que faço enquanto isso? E se depois me diz não, não estaremos desperdiçando oportunidades e tempo? "Deixar pensar" é uma possibilidade se estabeleço um compromisso dentro de um tempo determinado e, muitas vezes, é preferível que quando fecharmos um compromisso seja sobre bases verificadas de possibilidade de satisfação.

Efetuando um pedido, desprendem-se *cinco possibilidades de ação efetiva* por parte do receptor. A saber:

1. *Aceitar* o pedido ou a oferta, criando uma promessa (*sim*).
2. *Declinar* o pedido ou a oferta, "prometendo", na realidade, não aceitá-la, permitindo dessa maneira ao falante (quem pede) planejar o futuro de outra maneira. Muitas vezes, por medo de ser considerado incompetente, evita-se a negativa, apostando que aconteça um "milagre" que impeça os problemas por vir diante do não-cumprimento. Dizer "não" torna-se, então, uma resposta válida, importante e com certeza muito comprometida. Lembremos que "falar = atuar". Tanto o *sim* como o *nao* abrem possibilidades de ação. Por exemplo, diante de uma negativa, pedir a outra pessoa que necessito – se tenho autoridade para isso – liberar um colaborador de um compromisso prévio para que dê prioridade a outra tarefa.
3. *Pedir aclaramento:* é oportunidade do ouvinte para inteirar-se mais do pedido ou da oferta. Por exemplo: "Para qual reunião você quer o relatório, a das 9 ou a das 14 horas? Completo ou abreviado?" É vital um contexto adequado, já que, se a pergunta for tomada como um desafio da autoridade, o ouvinte não irá pedir os esclarecimentos necessários, guiando-se por intuições, e o resultado seguramente seriam erros.
4. *Compromete-se a comprometer-se:* o ouvinte pode responder com um compromisso de comprometer-se, mas deixando claro que não está em condições de fazê-lo nesse momento. Existe o compromisso de dar uma resposta em um futuro definido. Por exemplo, poderia ser "estarei em condições de lhe dar a resposta antes das 18 horas". Boas razões para isso é, por exemplo, a necessidade de verificar os recursos ou realizar as consultas caso seja preciso comprometer outros com a resposta dada. Esse passo destaca o direito do ouvinte de considerar a melhor resposta, o que também é respeitoso com quem faz o pedido. Pular esse passo, por medo de ser julgado ou de ser castigado pelo superior que faz o pedi-

do, leva a dar respostas imediatas a fim de evitar o conflito. É quando dizemos que "sim", mesmo sabendo que "não", podendo evitar os problemas. Para evitar essa situação, é vital comprovar os recursos e as possibilidades com que contamos para honrar os compromissos e construir confiança.

5. *Renegociar o pedido ou a oferta:* o ouvinte pode fazer uma contra-oferta, por exemplo, "não terei tudo pronto às 15 horas. Posso antecipar uma parte nesse horário e entregar o resto às 18?" Nesse caso, quem fala deve responder às condições ou à contra-oferta de quem escuta, seja aceitando a renegociação e finalizando com uma promessa mútua, declinando a renegociação, seja estabelecendo uma negociação posterior em que, seguindo o exemplo, poderia dizer "não posso esperar até as 18, já que nessa hora tenho uma reunião, mas posso esperar até as 17 horas".

Como podemos observar, no final das contas, as cinco respostas possíveis a um pedido se resumem a duas: *sim* ou *não.*

Então, com a obtenção ou não de uma promessa, encerra-se a primeira fase do compromisso dialógico. Agora, o ouvinte, a quem foi feito o pedido ou a oferta, move-se em direção à sua realização efetiva.

Aqui é onde os efeitos do primeiro passo tomam dimensão, já que os erros podem tornar-se muito custosos, e muitas vezes é tarde demais para arrumar os problemas que deviam ser corrigidos antes.

É uma responsabilidade essencial gerar contextos de aprendizagem e confiança para possibilitar compromissos dialógicos efetivos. Contextos de respeito e sem medo de declinar um pedido, indagar ante uma dúvida ou expressar desacordos ou impossibilidades de satisfazer uma demanda sem que os mesmos sejam interpretados como desqualificação, desafios a autoridade ou declarações de incompetência referentes à pessoa que os manifesta. De fato, a impossibilidade de negar um pedido pode ser contraproducente com relação aos resultados, ou entrar em conflito com outros pedidos mais prioritários.

Está claro que, da parte de quem tem a autoridade, permitir declinar ou fazer uma contra-oferta não é simplesmente deixar que os demais digam "não" e deixar por isso mesmo. A ferramenta-chave aqui é a *indagação na natureza do problema,* perguntando as razões e, quem sabe, oferecendo maneiras de superar os inconvenientes para a ação efetiva e podendo chegar a um pedido e plano de ação com sentido para ambos.

Recompromissos Dialógicos

Efetuando um pedido, e fechando-o com um compromisso da outra parte envolvida na conversa, dizemos que fica firmando um compromisso dialógico e também um compromisso de ação.

Existe um sujeito **A** que se comprometeu com outro **B** a levar a cabo uma determinada ação dentro de um determinado tempo e com certas condições de satisfação. Se esse compromisso é satisfeito em tempo e forma, dizemos que a promessa foi cumprida.

O que acontece quando não é satisfeito esse compromisso? Geralmente, produzem-se crises nas relações interpessoais que, por sua vez, provocam mal-estar no âmbito pessoal. Isso, inevitavelmente, refletirá nos resultados.

Lembremos que essas duas partes envolvidas no compromisso formam parte de um sistema e que o não-cumprimento de uma das partes afetará não apenas eles, mas muito provavelmente a estrutura em geral. As queixas, os lamentos, as difamações, as culpas, as calúnias e as crises nas tarefas acabam sendo as conseqüências mais comuns nessas situações.

Os *compromissos dialógicos*, também chamados de conversas de recompromisso[19], são aquelas conversas que acontecerão quando um compromisso prévio não tenha sido ou não tenha podido ser honrado. Permitem focalizar o problema e reprojetar ações que conduzam ao reparo da relação afetada e a gerar um novo processo de ação, a fim de conseguir o resultado desejado.

Uma vez que alguém faz um pedido e recebe uma promessa, existem quatro possibilidades de ação:

1. *Cumprir a promessa.* Ambas as partes se sentem satisfeitas.
2. *Cancelar o pedido.* Muitas vezes, acontece que fazemos um pedido com certa urgência e, apesar de a urgência ou a necessidade per-

[19] Kofman, *op. cit.*, p. 257.

derem a vigência, não avisamos a quem se comprometeu conosco. Geralmente, isso produz ressentimento e dá lugar à desconfiança frente a novos pedidos.

3. *Reclamação efetiva.*
4. *Desculpa efetiva.*

Reclamação Efetiva

Implica uma conversa justa e mesmo assim rigorosa no seu procedimento, dirigida à pessoa correspondente e relacionada com o tema que gerou a crise. Baseia-se no passado, mas visa ao futuro. Em vez de ficarmos no lamento, essa conversa abre possibilidades de ação. Muitas vezes, a evitamos para não parecermos queixosos, para não envergonhar o outro, para impedir um enfrentamento, ou por estarmos muito céticos com respeito à possibilidade de mudança. A única coisa que essas explicações geram no médio prazo é reforçar o incômodo e pôr em evidência a nossa incompetência no agir.

Passos de uma reclamação efetiva

a. *Gerar contexto para uma conversa.*
   O objetivo é gerar ações efetivas, não envergonhar nem desqualificar.

b. *Afirmar e corroborar o compromisso prévio.*
   "Tínhamos deixado combinado que a reunião começaria às 9 horas e você se comprometeu a estar presente."

c. *Assegurar e verificar o problema.*
   "Só que às 9h30min você ainda não tinha chegado."

d. *Indagar sobre os motivos ou sobre as razões do problema* (apesar de estarmos cheios de explicações tranqüilizadoras, também é verdade que podem existir razões válidas).
   "O que aconteceu? O que provocou seu atraso?"

e. *Reportar os danos em três aspectos:*
   - *No pessoal:* "Sinto-me..." (falar de si, sem fazer julgamentos sobre o outro).
   - *No interpessoal:* "Isso afeta..."

- *Na tarefa:* "Tivemos que tratar de um dos pontos da pauta sem conhecer sua opinião e com isso postergamos a decisão para amanhã".

f. *Firmar novo compromisso:*
"Peço que avise com antecedência se for se atrasar ou se ausentar".

Esclarecimento: Esse é um "roteiro padrão" e, da mesma forma que com os outros roteiros, sugerimos que cada pessoa o adapte ao seu modo pessoal coloquial, sem deixar de observar os passos propostos.

Desculpas Efetivas

Essa também é uma maneira honrada de apresentarmos nossa impossibilidade de cumprir um compromisso, sem que isso implique uma perda de auto-estima. A desculpa efetiva é mais eficaz se podemos apresentá-la antes do não-cumprimento, já que isso – além de ser respeitoso – possibilita que a outra pessoa possa redesenhar suas ações. Se isso não for possível, pedir uma desculpa efetiva – ainda que seja *a posteriori* – será igualmente importante.

Essa conversa também abre possibilidade de ação. Expressar arrependimento é só uma parte da desculpa. Trata-se de reparar a falha e reprojetar ações.

Passos de uma desculpa efetiva

1. *Gerar contextos para uma conversa.*
2. *Afirmar e ratificar o compromisso prévio:*
"Nossa reunião começava às 9 horas e eu me comprometi a estar presente".
3. *Afirmar e reconhecer a falha:*
"Reconheço e assumo a responsabilidade de não ter chegado a tempo".
4. *Apresentar motivos ou razões para o não-cumprimento.*
5. *Perguntar sobre a opinião do outro e pedir um relatório de danos:*
"Imagino que minha ação gerou algumas conseqüências e eu gostaria de saber como o afetou".

6. *Oferecer desculpa, reparação e um novo compromisso:*
"Lamento o acontecido, comprometo-me a não repetir e gostaria de saber se existe algo que esteja ao meu alcance para facilitar a tarefa que tínhamos previsto ou reparar o dano causado".

Não existem organizações (e poderia dizer: nem redes de relações) sem problemas. Acontecem. Essas ferramentas são oportunidades de aprendizagem que abrem e facilitam possibilidades de ação efetiva, diminuindo a margem de possibilidade para os erros, uma vez que produzem relações mais sólidas e confiáveis, possibilitando um agir efetivo que nos aproxime dos resultados com menor sofrimento.

Coaching, Compromissos e Recompromissos

Trocar a dúvida por pergunta,
Trocar o protesto por proposta,
Trocar a reclamação por pedido.
(Ditado popular)

No meio das tramas das redes de relacionamentos que estabelecemos em nossa vida pessoal e organizacional, o que acontece em geral são conversas nas quais duas ou mais pessoas se envolvem. Nesse relacionamento, produzem-se construções "saudáveis" e outras que lamentavelmente se quebram. Isolamento, resignação, desmotivação e ruptura são algumas das respostas freqüentes frente às situações por não se saber como se comprometer ou se recomprometer. O *coaching* se torna relevante também nas consultas em que a essência tem a ver com as conversas para a coordenação de ações. Vejamos, muito abreviadamente, um exemplo:

Coach: como você está?

João: Ah, como você pode ver, entulhado de tarefas.

Coach: O que você queria?

João: Que entrem em acordo e não me passem tantos temas juntos.

Coach: Por que você acredita que isso acontece?

João: Porque os outros não têm consideração.

Etc. etc. etc.

Em outro momento, retomaremos de forma mais completa esse exemplo, mas vamos ver o que acontece até aqui: João estava emocionalmente alquebrado, entulhado de tarefas, com julgamentos acerca dos demais, a quem responsabilizava por suas "desgraças".

Durante a sessão de *coaching*, foi se orientando e finalmente focalizou dois aspectos:

1. Assumir responsabilidade com suas opiniões frente à situação que o incomodava, transformando o "sem consideração" em "não sei como fazer para..."
2. Projetar conversas nas quais seja possível manter diálogos, processando a sua coluna esquerda, fazendo pedidos efetivos, pedidos efetivos e coordenando ações futuras.

O processo de *coaching* é também uma possibilidade para revisar e reconsiderar a forma de operar efetivamente, tanto ao fazer pedidos e promessas quanto ao fazer reclamações e/ou oferecer nossas desculpas quando o compromisso não foi ou não poderá ser honrado por nós mesmos ou pelo outro.

RETROALIMENTAÇÃO *INTEGRATIVA:* FEEDBACK

"Sincericídio" é uma palavra que foi cunhada entre meus pacientes e alunos. Com ela, queriam expressar essa "estranha mistura de sinceridade com suicídio ou homicídio" quando, ao sustentar uma conversa ou uma comunicação, damos (ou recebemos) a opinião que temos (ou que o outro tem) a respeito da pessoa, ou com respeito a alguma expectativa ou ação esperada.

As palavras, o que dizemos, podem ter o enorme poder de ferir ou curar. Dessa forma, podemos ter uma comunicação responsável ou irresponsável. Quem escolhe "ser"? Qual será a minha intenção: ferir o outro, enchendo-o de culpa, ou aprender? Da mesma forma que as anteriores, essa é uma ferramenta para a aprendizagem, não para a manipulação. Está centrada no usuário da mesma e na coerência com os valores que dizemos sustentar. Trata-se de aprender a manejar o poder da palavra para, com humildade e respeito, expandir a capacidade de ação efetiva. Em outras palavras, dar *feedback* para projetar futuro e inter-relações mais sinceras, abertas e produtivas.

Na minha opinião, a retroalimentação integrativa é uma das ferramentas mais poderosas e compreensivas porque, como seu nome indica, integra praticamente todas as ferramentas anteriormente descritas somando, além disso, a *emocionalidade*.

É *retroalimentação* porque se trata de uma comunicação bidirecional na qual os envolvidos se vêem mutuamente enriquecidos e valorizados. Baseado na teoria geral dos sistemas, significa processar informação e transmiti-la ao sistema para a continuidade de seu funcionamento. É também *multidirecional*, porque certamente suas conseqüências envolverão sitematicamente outros. *Integrativa*, porque sua aplicação combina múltiplas ferramentas: geração de contexto, observação, escuta ativa, alegação e indagação, distinção entre fatos e opiniões, pedidos e promessas, e agrega, como dissemos, a emoção.

Apresentaremos a retroalimentação integrativa na forma de roteiro, com a habitual advertência para o usuário respeitar seu próprio modo coloquial e pessoal e com o esclarecimento de que a ordem dos fatores não altera o produto. Mas é importante observar rigorosamente todos os itens ou passos.

1. *Geração de contexto para a conversa.*
2. *Dados, observações:*
   "Quando eu o observo fazer..." ou "quando você faz...".
   "Quando eu o escuto dizer..." ou "quando você diz...".
3. *Interpretação, julgamentos:*
   "Tenho o seguinte juízo..." ou "na minha opinião...".
4. *Emoção:*
   "Diante disso, sinto..." (alegria, medo, tristeza, enjôo etc.).
5. *Incumbência, interesse, aspirações:*
   "Importa-me/preocupa/interessa/incumbe..." (por que e para quê).
6. *Pedido efetivo:*
   "Por isso lhe peço..." ou "meu pedido é...".
7. *Indagação:*
   "Queria saber o que você pensa sobre isso?" ou "qual é sua opinião?".
8. *Compromisso. Projeção de ações futuras.*

1. *A geração de contexto tem dois aspectos*:
   - Pessoal.
   - Interpessoal.

No pessoal, ocupamo-nos "esquentar os ânimos" para a ação respirando e relaxando. Checar também a própria emocionalidade lembrando que "a boa conversa com o estado de ânimo inadequado se transforma em uma má conversa". Isso também terá a ver com qual é o objetivo da conversa que abriremos, para ser condizente com nossos valores (maltratar, vitimizar ou reparar-aprender). Por isso, é importante focalizar não apenas no por que, mas também no para que da conversa.

No interpessoal, registramos se as circunstâncias de tempo e lugar produzem um contexto adequado que contribua com a intimidade do diálogo. Se não estiverem presentes as condições de satisfação com respeito ao lugar (por exemplo, estar rodeado de outras pessoas), tempo (por exemplo, estar preso a outros compromissos anteriormente agendados) ou ânimo (por exemplo, estar preocupado por outra circunstância), seria preferível postergar esse encontro agendando outra data. Sugerimos abrir a conversa explicitando o seu propósito. Por exemplo: "Queria compartilhar com você algumas opiniões que tenho acerca de...a tarefa ou nossa relação ou como vejo seu trabalho" etc.

2. *Dados, observações.* Expor aqueles fatos e observações fáticas nas quais fundamos a opinião. Não dar logo de cara a opinião, nem fazer juízos acerca do outro (do tipo "você é..."); referir-se às ações concretas sem generalizar (por exemplo, "você sempre..." ou "você nunca...") nem falar em nome de terceiros ausentes (por exemplo, "todos acham..."). Também não havemos de atribuir ao outro motivos ou intenções, já que seriam apenas interpretações, provavelmente distorcidas, pelo observador que somos.
3. *Interpretação, julgamentos.* Realizar julgamentos produtivos. Falar na primeira pessoa do singular ("na minha opinião...", "tenho a seguinte opinião"). Trata-se de apropriar-se da subjetividade do julgamento.
4. *Emoção.* Incluímos a expressão do nosso estado interior, nosso estado emocional, frente à situação e/ou os fatos ("frente a isso..., frente o qual..., sinto ou me sinto...").

Nesse momento, é importante nos anteciparmos e fazermos algumas advertências, a saber:

a. Não acusar o outro de ser culpado da minha emoção ("você me faz... – por exemplo – enjoar") porque, nesse caso, estaremos atribuindo uma intencionalidade e/ou poderíamos equivocar-nos no nosso julgamento sobre a sua motivação. A emocionalidade é a resposta pessoal e particular de como me afetaram os fatos ou a situação ("diante desses fatos, eu sinto...").

b. Não confundir emoção com opinião. É muito freqüente dizer "eu sinto" quando na verdade é "eu penso". Disfarçamos como emoção o que é na realidade um pensamento ou um julgamento. Por exemplo, "*sinto* que você não confia em mim", em vez de expressar "*me dói* pensar que você não confia em mim". Os julgamentos ou as opiniões são avaliações subjetivas, portanto discutíveis. As emoções são indiscutíveis (para uma exposição mais profunda acerca desse tema, ver o capítulo sobre A Linguagem das Emoções).

5. *Incumbência, interesse, aspirações.* Explicitar por que me importa/interessa em que ou que me incumbe. Expressar aspirações e/ou o para que desse diálogo.

6. *Pedido efetivo.* Diferente do passo anterior, trata-se aqui de fazer um pedido concreto. A diferença é que a aspiração é a expressão de um desejo, muitas vezes abstrato. Por exemplo, "desejaria um maior compromisso". Em contraposição, o pedido faz referência a coisas concretas, a condições de satisfação observáveis como "que ações concretas evidenciariam e corroborariam com minha opinião sobre o que é um maior compromisso".

7. *Indagação:* Baseando-nos nos valores de respeito e humildade, entendemos que, como já dissemos, não é a verdade, mas *minha* verdade. É a verdade a partir do observador que cada um é. Poderia haver fatores desconhecidos ou alguma falha no nosso processo de raciocínio etc., portanto, esse é o momento de convidar o outro a emitir suas opiniões e seus pontos de vista. Não para que o faça como um descarrego, mas interessando-nos autenticamente pelo seu parecer e praticando a escuta efetiva.

8. *Compromisso.* O objetivo dessa ferramenta aponta para o futuro e para a aprendizagem; não é catarse, nem a ameaça nem o conselho. Uma vez checada a compreensão entre os participantes da conversa, o objetivo central desse passo é fechar compromissos que possibilitem aos interlocutores corrigir e expandir sua capacidade de ação efetiva.

Coaching e Retroalimentação Integrativa. Pautas para a Intervenção do *Coach*.

De acordo com a minha experiência, o *feedback*, ainda que muitas vezes esperado e solicitado – é um requisito indispensável quando trabalhamos ou desenvolvemos ações com outros –, é um termo que provoca certo temor. Apesar de ser indispensável para o crescimento pessoal, acaba tendo uma conotação negativa, limitando-se ao que seria apenas uma avaliação de desempenho. Cabe destacar que *a prática dessa ferramenta é mais indicada para o que chamamos de "*feedback *positivo"*, ou seja, para o elogio, a expressão de satisfação, o apreço, a gratidão etc. *não está reservada apenas a situações de confrontação ou de insatisfação.*

Na minha experiência com organizações, uma das reclamações mais freqüentes que escuto dos meus *coachees* nas sessões de *coaching* é a falta de reconhecimento por parte de seus chefes, gerentes ou da empresa em geral. Também no âmbito pessoal essa reclamação é freqüente (por exemplo, um filho triste porque, diante de suas boas notas na escola, seus pais não reconhecem seu mérito expressando que "não fez mais do que a obrigação").

Dar e receber *feedback* – apesar de ser uma conversa difícil, às vezes – se constitui em uma poderosa oportunidade. Não para que um exerça o poder vitimizando o outro, mas para compartilhar percepções, ampliar a conscientização e enriquecer o desempenho e a interação.

O que foi dito anteriormente também vale para a interação *coach-coachee*. O *coach* não é um juiz, nem o *coachee* é um acusado. *Coaching* é um processo dinâmico e interativo para assistir o outro no logro de suas metas, expandindo seu potencial. Nessa interação, o *feedback* se constitui em uma poderosa ferramenta para compartilhar informações, como oportunidade para a transformação de comportamentos ou ações inefetivas, e também para reforçar as conquistas e os desenvolvimentos alcançados.

Acredito que seria adequado falar de *feedback* e também de *feedfoward*. Seu objetivo consiste em uma devolução, só que olhando para a frente, ou seja, visando projetar o futuro.

Capítulo V

Processo do Coaching. Teoria e Técnica da Prática

"A mente não deve se encher como um recipiente, mas sim se acender como fogo."
Plutarco

Chegamos a esse ponto com o conhecimento dos fundamentos teóricos e desenvolvimentos conceituais acerca das ferramentas dialógicas, essenciais para a prática do *coaching*. Lembremos, de maneira introdutória, que *coaching* é um processo de aprendizagem, através do qual transformamos o tipo de observador que somos. Aprendizagem, que principalmente busca a expansão da capacidade de ação efetiva. Mas não apenas isso. Já sabemos que toda açao é resultado do tipo de observador que cada um é. Observador é a forma particular que um indivíduo outorga sentido à situação que enfrenta, antes de intervir nela. Em conseqüência, ao transformar o observador, constituímos novos e diferentes sentidos, que transformarão também nossas ações. Daí vem o conceito de transformação pessoal e o caráter ontológico do *coaching*.

Coaching: Teoria da Técnica

Orientações Prévias

O que vem a seguir são pré-requisitos fundamentais, que junto com o que já foi mencionado anteriormente e somado a uma ética pessoal e responsabilidade profissional se tornam necessários para sustentar o sucesso na prática do *coaching*. Sem eles, seu sucesso seria seriamente comprometido.

- Escuta ativa e reflexiva.
- Intuição.
- Respeito com o outro como um legítimo "outro".
- Centrar-se na transformação ontológica, não em interesses próprios.
- Não dar conselhos (ainda que algumas oportunidades pareçam excepcionais).
- Não dizer ao *coachee* o que fazer, e muito menos como se deve agir.
- Eliminar o "tem que...", "deveria...", "o correto seria...".
- Validar a opinião do *coachee* – ainda que não concorde com ela – e ajudá-lo a reatircular suas crenças.
- Não pressionar. Não formular interpretações psicanalíticas.
- Empatia.
- Maestria na formulação de perguntas.

ESCUTA ATIVA E REFLEXIVA

Uma disposição básica do *coach* é a abertura frente ao outro, e nesse sentido uma das competências imprescindíveis consiste em aprender e saber escutar. Abertura e escuta ativa se constituem em requisitos sem os quais praticamente se torna impossível praticar *coaching*.

Algumas considerações estratégicas para se ter em vista são discorridas a seguir.

a. Posição corporal e contato visual

A indicação é colocar-se em uma posição frente a frente, olhar com olhar, atento ao outro e não à vista fora da janela, ao chão, ao que escrevemos, a um objeto ou qualquer outra coisa. É como dizer sem palavras, com a linguagem de nosso corpo: "Estou aqui, agora e totalmente presente". Não cruzar os braços, já que, além de interromper um circuito energético coporal, estaria expressando um "fechar-se" ou "proteger-se" frente ao interlocutor.

Para maior aprofundamento, ver Capítulo VI, *A Linguagem Corporal.*

b. Não interromper nem completar o discurso do interlocutor

Escutar ativamente implica uma intenção legítima de compreensão da estrutura de coerência do *coachee.* Uma tendência freqüente ao interagir com outros é interromper para expressar nosso parecer; às vezes, defensivamente – por não tolerar os silêncios que se produzem frente à atitude reflexiva do outro, enquanto ordena mentalmente suas idéias –, nos antecipamos tentando completar o que começou a dizer. Ao agir dessa maneira, muitas vezes fazemos uma interpretação equivocada ou provocamos a interrupção do fluir espontâneo do interlocutor, que poderia ser interpretado como impaciência, ou falta de respeito.

Uma maneira de acompanhar a escuta é com gestos corporais de assentimento (mexer a cabeça) ou mediante expressões que denotem que acompanhamos sua exposição ("a-hã!...", "entendo..."). Se o *coach* tiver alguma reflexão ou pergunta que teme esquecer, é melhor deixá-la escrita e logo incluí-la, ou pedir desculpas pela interrupção e pedir licença para indagar ("desculpe... posso lhe fazer uma pergunta agora?...").

c. Checar a compreensão

O *coach* resume com suas próprias palavras o que escutou e compreendeu. É útil para mostrar ao interlocutor que temos estado atentos ao que foi dito e para verificar ou retificar a compreensão da sua perspectiva. Nem sempre o que se diz é o que se escuta. Vale destacar que não é recomendável fazê-lo com cada exposição do *coachee,* já que isso provocaria um enorme desgaste, desencadeamento, incomodidade e, além do mais, prolongaria cada sessão até o limite.

Sugerimos usar esse recurso para aquelas circunstâncias ou declarações que consideramos relevantes.

d. Reflexão na ação

Praticar uma escuta ativa implica exatamente reconhecer que nossa coluna esquerda também está ativa. Entre os muitos pensamentos que aparecem, surgirão reflexões como: "O que é que não estou compreendendo?", "como responder à inquietude deste momento?", "o que disse ou fiz que motivou o *coachee* a dar essa resposta?". O *coachee* é uma pessoa que depositou sua confiança no *coach* e este deve avaliar e refletir permanentemente sobre sua prática. Também para o *coach*, é possível reprojetar ações, razão pela qual se torna relevante essa reflexão durante o *coaching*, assim como durante uma e outra intervenção.

A INTUIÇÃO

É um tema vinculado à escuta que requer uma particular atenção. Falamos do *coaching* como procedimento, processo, arte com sólidos fundamentos teóricos e uma rigorosa disciplina. Entretanto, durante o desenvolvimento da conversa, acontece que, mais além de nossa percepção, acabamos tendo sensações corporais, emoções que nos atravessam, pensamentos vários que são sumamente interessantes para produzir hipóteses.*

Freud falava da "atenção flutuante", referindo-se ao modo particular de escutar do analista, assim como a transferência e a contratransferência em relação aos pensamentos e aos sentimentos no vínculo terapeutra/analista. Nossa experiência vital vai deixando rastros de conhecimento; o fato de não termos consciência plena não significa que ela não exista. É algo como um reservatório de experiências onde armazenamos memória e conhecimento. No curso das interações, esse rastro aparece possibilitando – se soubermos aproveitá-lo – percepções. Isso que muitas vezes não sabemos explicar é o que comumente definimos como *conhecimento intuitivo*. É o que ocorre quando acreditamos saber algo sem saber por que sabemos e nem de onde provém esse conhecimento.

Uma primeira consideração a se levar em conta, que se relaciona também com o procedimento de reflexão na ação, é *discriminar* se essa percepção não tem a ver mais com coisas do *coach* do que do *coachee*. Em

* Ver Carta aberta a novas gerações.

outras palavras, se a ressonância do que escutamos não está mais relacionada com preocupações próprias do que com as do *coachee*. A segunda consideração, e não menos importante, é *checar* ou *corroborar* nosso conhecimento intuitivo. Narcisisticamente, poderia envaidecer-nos o comentário de nosso fascinado *coachee* ao dizer-nos: "Como você soube?", "como você percebeu?", "você é bruxo?", mas também corremos o enorme risco de nos equivocarmos, gerando desconfiança e condutas defensivas no nosso inerlocutor, levando o processo para caminhos laterais que nos distanciam do foco em questão, perdendo tempo etc.

Entretanto, o mais significativo é que agir abusando da intuição e não corroborar a hipótese desvirtuaria o *coaching*, transformando-o em um tipo de magia ou adivinhação, carente de fundamentação.

A condição essencial para checar é a humildade: "Tive a seguinte idéia... isso faz sentido para você?", "poderia ser que...?", "tenho uma sensação que... diante da qual penso... o que você pensa ou sente sobre isso?" As reticências fazem referência às próprias sensações corporais, às emoções que o *coach* vai percebendo em si mesmo, a imagens etc. Nesse contexto, a humildade significa cuidar-me (e cuidar) de não transformar meu conhecimento intuitivo em fato. Não é uma verdade. É uma intuição a partir da qual elaboro uma hipótese, que só após ser corroborada pelo *coachee* será incluída no contexto do processo dialógico.

RESPEITO

Somos como agimos e agimos como somos. Nesse sentido, também escutamos como somos e falamos como os seres que somos. Nesse aspecto, é importante ter clareza sobre a escuta e o ser do *coach*, para respeitar legitimamente a forma de ser do outro, que é diferente do ser que somos; é um observador diferente, com diferentes experiências vitais, biológicas, psicológicas, culturais etc. Não compreender isso significaria transformar o respeito em depreciação. O *coach* não sabe melhor o que convém ao outro; isso significaria desqualificá-lo e não ajudá-lo a assumir a responsabilidade. Praticar *coaching* não significa dizer ao outro o que fazer, e muito menos como se deve agir. Não se trata de dar conselhos nem dar explicações sobre coisas que "o *coachee* não entende". Não existe para o *coach* tal coisa como "você tem que...; deveria...; o correto seria...". "Correto" é o que faça sentido para o *coachee*.

No nosso cotidiano, é freqüente termos respostas para resolver a vida do outro. Temos conselhos para dar ao outro, quando na mesma situação não sabemos o que fazer com nossas próprias vidas. Gosto muito da frase de Echeverría: "Não se faz *coaching* a partir da perfeição, faz-se *coaching* a partir das nossas feridas. É porque somos profundamente imperfeitos que nos é possível entender e trabalhar com a imperfeição. Nossas feridas estão entre os nossos bens mais preciosos quando se trata de fazer *coaching*".[20] Somente a partir daí, o *coach* poderá compartilhar suas próprias experiências de vida.

Vivo em uma casa com um jardim cheio de plantas. Não apenas cuido com dedicação, mas também, com o passar do tempo, transformei-me em um discípulo, um aprendiz de seus ensinamentos. Certa vez, estava tentando guiar os ramos de uma glicínia, e querendo dirigi-la para um lado, tanto pressionei que ela se quebrou. A dor que eu senti foi, além de tudo, uma enorme aprendizagem. Pensei nas analogias com um *coaching* ou uma terapia e no meu papel em ambas. Se o *coach* força uma mudança, movido por interesses pessoais, pode provocar não um crescimento ou um desenvolvimento, mas uma crise.

Nesse sentido, uma última reflexão é que o *coach* deve também ser um observador permanente de si mesmo para não pressionar, transformando a sessão de *coaching* em uma análise hostil. Sua função é servir, facilitando experiências de aprendizagem, centrando-se na mudança ontológica, e não em interesses próprios. Operar sempre a partir da ética do respeito.

EMPATIA

Um encontro de dois: olho a olho, cara a cara.
E quando estejas perto, tomarei teus olhos.
E os colocarei no lugar dos meus.
E tu tomarás meus olhos
E os colocará no lugar dos teus.
E logo te olharei com seus olhos,
E me olharás com os meus.

Jacobo L. Moreno

[20] Rafael Echeverría y Alicia Pizarro, *op. cit.*

É uma competência-chave para o papel do *coach*. Comumente, expressamos dizendo "se colocar nos sapatos do outro". Associar-se empaticamente com o outro é poder colocar-se no lugar de observador para ter uma melhor compreensão de sua experiência e de seus pontos de vista. É comum a tentação errônea de dizer "no seu lugar, eu teria feito..." Na verdade, eu no seu lugar (a partir do seu modelo mental, a partir do observador que você é) teria feito o mesmo. Seria mais apropriado dizer: "Eu no meu lugar (a partir dos meus modelos)..." Ter acesso a uma compreensão de seu modelo não significa concordar com o mesmo. Empatia é tratar de compreender, a partir do sistema de crenças do interlocutor, a lógica de suas respostas frente às circunstâncias.

Empatia não é justificar; é validar sua opinião ou sua emoção, e com isso ajudar a processar e a rearticular sua crença.

Irving Yalom[21] fala de "olhar através da janela do outro", e a respeito disso conta o seguinte relato:

> *"Na sua adolescência, uma mulher tinha estado envolvida em uma longa e amarga luta com um pai duro e negativo. Desejando alguma forma de reconciliação, esperava com ansiedade o momento em que seu pai a levava de carro para o colégio, momento em que estariam sozinhos durante horas e assim poderiam dar um novo começo à sua relação. Mas a tão esperada viagem sempre acabava em desastre: seu pai se comportava com fidelidade ao seu modo de ser, e passava o tempo todo resmungando sobre o riacho feio e cheio de lixo que havia na encosta do caminho. Por sua vez, ela não via nenhum lixo no charmoso riacho rústico e virgem. Como não encontrava modos de responder, no final terminava por se calar. E passavam o resto da viagem sem se olhar, cada um com seus olhos voltados para o outro lado. Mais tarde, ela fez essa viagem sozinha e se surpreendeu ao notar que havia dois riachos, um de cada lado do caminho. 'Desta vez, eu dirigia – disse com tristeza – e o riacho que se via da minha janela do lado do motorista era tão feio e estava tão contaminado como havia descrito meu pai.' Mas quando aprendeu a olhar pela janela de seu pai, já era tarde demais: seu pai já havia morrido".*

[21] *El don de la terapia*. Emecé, Buenos Aires, 2002, p. 37.

MAESTRIA NO PERGUNTAR

Tão importante quanto o requisito de aprender a escutar é o requisito de saber perguntar. Ambas as competências estão vinculadas entre si. Escutar ativamente orienta nossa indagação, e as possíveis respostas que se abram irão requerer nossa mais atenta escuta. Constitui-se entre ambas uma espécie de circuito espiralado que, às vezes, nos conduzirá até as profundezas do ser; e aí se denomina *descendente*.

Em outras oportunidades nos levará com a emoção exultante por descobertas obtidas; e, nesse caso, chama-se *ascendente*.

O *coach* indaga não apenas para obter informação, mas também para pôr à prova hipóteses; e muitas outras vezes como uma forma de "apresentar" ao *coachee* perguntas que ele mesmo não se faz. Conscientes do meu estilo de indagação, é freqüente que, ante um momento de confusão, meus *coachees* me digam: "Faça-me uma pergunta".

O *coach* tem competências para fazer distinções que o *coachee* não tem, e dessa maneira o ajuda a abrir-se a novas compreensões e significados. E nesse desenrolar, o *coachee* "se" escuta assombrando-se e descobrindo-se muitas vezes, nem tanto pelas palavras do *coach*, mas sim pelo seu próprio discurso. Para isso, é muito útil formular perguntas abertas que possibilitem a exploração, ao invés das perguntas fechadas que se concluem com um "sim" ou "não". A maestria ao perguntar pode gerar condições absolutamente reveladoras.

Entre as sugestões dessa parte, destacamos a importância de equilibrar alegação e indagação, a fim de não exasperar o *coachee* com inesgotáveis perguntas. Isso escalda, esgota e poderia trivializar a conversa e gerar ansiedade, inquietação ou desconfiança no interlocutor.

Outras considerações são não saltar com perguntas de um tema a outro como um macaco de galho em galho. Trata-se de seguir uma linha de indagação até perceber que podemos passar associativamente a outro tema.

Tampouco se trata de fazer perguntas capciosas, nem de disfarçar afirmações sob a forma de perguntas (por exemplo, não lhe parece que poderia...). Isso é manipulação, e não interesse legítimo em perguntar. O *coach* pergunta para escutar e servir ao outro.

As Quatro Etapas e os Sete Passos do Processo de *Coaching*

Na intervenção, nem sempre é tão clara essa distinção entre diferentes passos e distintas etapas. *Faremos isso aqui para efeitos didáticos.* Mas, na prática, existem momentos reelaborativos em que elas se fundem.

As quatro etapas se correspondem com os sete passos do processo*. Elas são:

Etapa I:	Introdução/abertura: Passo 1.
Etapa II:	Exploração, compreensão e interpretação: Passos 2, 3 e 4.
Etapa III:	Expansão: Passos 5 e 6.
Etapa IV:	Fechamento: Passo 7.

Os Sete Passos

1. Geração de contexto. Contrato

1.1. Pedido do *coachee*/pedido da empresa/oferta ou pedido do *coach*.
1.2. Contexto: tempo, lugar, confidencialidade etc.

2. Entrar em acordo sobre os objetivos do processo; fixar metas

2.1. Checar o problema.
2.2. Focar a brecha existente entre intenções e resultados.
2.3. Acordo explícito entre *coach* e *coachee*/contrato/metas de processo.

3. Explorar a situação atual

3.1. O que está acontecendo?
3.2. Observações e julgamentos. Fundamentos. Processo de raciocínio.

* As denominações são arbitrárias; de fato, diferentes autores dão diferentes definições.

3.3. Emoções.
3.4. Coluna esquerda.

4. Reinterpretar as brechas interpretativas

4.1. Rearticular e reinterpretar crenças. Responsabilização.
4.2. Indagar na matriz. Reformular a matriz.

5. Projetar ações efetivas

5.1. Explorar alternativas e possibilidades de ação. Escolha da ação.

6. Desempenho de papéis

6.1. Simulação e prática.

7. Reflexões finais e encerramento

7.1. Integração de aprendizagens e compromissos para a ação.

A seguir, faremos uma descrição desses momentos, incluindo ao final de cada um perguntas básicas que serão de grande utilidade para a indagação e a intervenção do *coach*. Estas perguntas servem como guia e não são absolutas nem abrangentes.

ETAPA I: INTRODUÇÃO/ABERTURA

PASSO 1. GERAÇÃO DE CONTEXTO. CONTRATO

1.1. Pedido do *coachee*/pedido da empresa/oferta ou pedido do *coach*.
1.2. Contexto: tempo, lugar, confidencialidade etc.

1.1. Condições de início

O *coaching* começa com a declaração de um problema ou de uma crise ou o reconhecimento de uma brecha de aprendizagem. "Ao agir sempre o fazemos dentro de um determinado espaço de possibilidades (...). Um problema/crise implica sempre uma mudança no nosso espaço de possibilidades (...). Cada vez que julgamos que nosso espaço de possibilidades mudou, seja positiva, seja negativamente, estamos enfrentando uma crise".[22]

No *coaching*, tentamos encontrar e diminuir brechas entre uma situação atual e uma situação desejada. A crise não é necessariamente algo negativo. As circunstâncias podem ser muito variadas: uma crise pessoal, um conflito interpessoal, alcançar um objetivo profissional etc. são situações que ao se produzirem quebram o percurso do nosso existir, e podem ser definidas como problemáticas a partir da observação de quem está no processo de *coaching*. Essa pessoa considera que não pode resolver por si mesma a crise declarada e requer a colaboração de um *coach*, que possui as habilidades, as competências e as distinções para ser um observador diferente frente aos obstáculos que se detectam.

Não existe *coaching* sem *coach* nem *coachee* sem "brecha". Ainda que pareça estranho, esse esclarecimento é válido. Na minha prática profissional, em mais de uma ocasião, aconteceu a situação de que frente à minha pergunta "como você está?" me respondem "bem". "Existe algo que você deseja incluir no processo de *coaching*?" "Não. Está tudo bem." "Tem alguma situação sobre a qual você quer conversar?" "Não. Está tudo em ordem." Minha resposta, então, é colocar-me de pé, retirar minha oferta de disposição para o futuro e me retirar. Nesses casos, não é função do *coach* inventar nem gerar nenhuma crise no interlocutor e nem tentar forçá-lo a encontrar uma.

O *coaching* acontece em algumas oportunidades não como uma escolha do *coachee*, mas sim por solicitação da empresa ou da organização, ou por meio de uma terceira pessoa (diretor, chefe ou autoridade). São esses quem declaram a crise e solicitam colaboração para o designado.

Os motivos também podem ser variados: dificuldades de liderança, problemas de relação interpessoal, baixo rendimento, promoções, mudança de responsabilidade etc. Por exemplo, atualmente estou trabalhando com minha equipe para uma multinacional de produtos medicinais. Como conseqüência de um processo de reorganização, um dos cientistas, de comprovada capacidade profissional, será promovido a uma posição de liderança, na qual terá sob sua responsabilidade a coordenação de uma equipe. A empresa considera que é uma pessoa de

[22] Rafael Echeverría. *Ontología del lenguaje*. Edic. Dolmen, Santiago del Chile, 1995, p. 256.

valor para a organização, mas com sérias dificuldades em suas relações interpessoais, marcadas, sobretudo, pela falta de competências dialógicas que geram freqüentes choques na interação. O *coaching* – perante prévia geração de contexto que detalharemos a seguir – focalizará, então, em diminuir as brechas nesses aspectos.

Outra possibilidade de início de um *coaching* é como conseqüência do pedido ou oferta do *coach*. Ocorre, sobretudo, nos âmbitos organizacionais onde a figura do chefe/gerente está mudando pela do líder/*coach*/ facilitador. Se o *coach* é o chefe, deve entender-se que isso não responde a uma tarefa adicional como chefe, mas, sim, é a expressão de um novo estilo de gerenciar. Um novo modo de fazer empresa. É esse quem fará a declaração inicial da crise, pedindo ou oferecendo ao interlocutor a conveniência de um *coaching*, explicitando a existência de razões ou fatores que o justificam.

Poderia ocorrer também que se uma pessoa reconhece em seu superior competências como *coach*, seja ela mesma quem solicite o *coaching* diante de determinada circunstância.

1.2. Geração de contexto

Em linhas gerais, cabe ao *coach* a responsabilidade de gerar o contexto. É preciso investir tempo inicial nisso. Não tenho documentos a respeito, mas uma vez escutei que se atribui a Abraham Lincoln ter expressado que se tivesse que cortar uma árvore, passaria muitas horas afiando o machado. Como *coaches*, devemos investir tempo inicial em "afiar o machado".

O êxito de um *coaching* repousa em grande medida nesse passo. "É o contexto o que dá sentido a um texto*." Já relatei uma aprendizagem que fiz com alguns dos meus alunos engenheiros; daí repito um conceito que disse: "Não existe nenhuma estrutura que seja mais forte que suas fundações". Esse é o momento de criar as fundações que sustentarão a estrutura de todo o processo e darão sentido ao texto, o que quer dizer a interação *coach/coachee*.

---

* Ver Capítulo II sobre *Coaching e* Aprendizagem.

O contexto em uma conversa ou interação é como a rede que se tem por baixo dos acrobatas; sem rede, pode ser figuradamente um suicídio (ou homicídio); com rede, torna-se um desafio. A partir da nossa perspectiva de ética do *coaching* é considerá-lo sempre um maravilhoso desafio.

Quando falamos de contexto, isso envolve: confiança, autoridade, confidencialidade, espaço físico, emocional, permissão do *coachee*, acordos de respeito mútuo etc. Essas são condições essenciais, que se não observadas, colocarão o resto do processo condenado ao fracasso.

É o *coach* quem deverá gerar confiança, aceitando e compreendendo a possível desconfiança inicial. Devemos levar em conta que a entrevista inicial é bidirecional: como *coaches*, buscamos indagar sobre o *coachee*, mas, ao mesmo tempo, estamos sendo avaliados por ele. Confiança e autoridade são atributos conferidos pelo *coachee* (não por exigência do *coach* ou de outra pessoa). A autoridade é um poder conferido pelo *coachee*, e a condição-chave para isso é a confiança. Se confiamos, outorgaremos autoridade.

"Quando há confiança, nos sentimos mais seguros, mais protegidos, menos vulneráveis. A falta de confiança incrementa o temor (...) Minha integridade poderia estar em jogo. Se uma pessoa me inspira confiança, tenho a impressão de que saberá lidar comigo (...), que levará em conta minhas inquietações."[23]

Chegado a esse ponto, meus alunos, muitos deles administradores, conhecedores da "panela" das organizações, acabam por perguntar: "O que acontece quando o *coach* é seu superior, seu chefe, seu gerente? Ou, mais ainda, é pessoal de Recursos Humanos que, tendo sido capacitado para isso, opera como *coach* interno da empresa?" Como consultor, às vezes, sou contratado como *coach*, direta ou pessoalmente por um gerente, e meu compromisso é servir ao consultante. Outras, contratado por uma empresa como *coach* externo, ainda que tendo responsabilidade frente à organização contratante, deixo claro desde o início aos diretores que meu compromisso é principalmente com o *coachee*, ainda que minha tarefa seja assisti-lo no logro de objetivos organizacionais. É condição essencial para a confiabilidade.

---

[23] Rafael Echeverría. *La Empresa Emergente*. Granica, Buenos Aires, 2000, p. 114.

Por outro lado, quando o *coach* é também o chefe ou o superior, a situação é mais delicada, já que, ainda que sua intenção seja assistir o *coachee*, seu compromisso principal é servir à empresa. Nesse caso, a possibilidade de ficar exposto e ver comprometida sua integridade e até seu trabalho requer que a geração de contexto se torne ainda muito mais relevante. O *coaching* só será possível se ao *coach* são conferidas confiança e autoridade. Se não for assim, mais do que tudo, o *coaching* será uma hipocrisia. Um empregado poderia outorgar autoridade ao seu superior enquanto chefe, mas seria possível que não lhe outorgasse confiança enquanto *coach*. Por isso, um passo essencial será explicitar isso desde o início, abrindo um diálogo transparente e produtivo a respeito, para que os aspectos defensivos não se constituam em "inomináveis"; se isso acontece, sem dúvida irá interferir no resto do processo. O superior terá que checar e corroborar previamente se conta com a autorização ou com a permissão de seu empregado para o processo de *coaching*.

Um aspecto mais que importante é levar em conta, quando o *coaching* é solicitado pela organização, que ou a área de Recursos Humanos ou a quem corresponda comunique com extrema clareza ao futuro *coachee* as razões que o motivam e os objetivos desejados. Isso, além de criar contexto e confiança, irá reduzir a ansiedade persecutória que poderia ser gerada. Aconteceu-me que, o não ter havido clareza em uma comunicação por parte da empresa, uma pessoa para a qual se requereu *coaching* – sem mencionar-lhe que a razão é que seria promovida a uma posição de maior responsabilidade – o havia sentido como um castigo por razões desconhecidas e, além de sua ansiedade paranóica, era enorme o seu temor de ser despedida.

Uma comunicação clara desde o início é responsabilidade da empresa, mas também é tarefa e responsabilidade do *coach* constatar se a informação que ambos têm do *por que* e do *para que* do *coaching* é concordante.

Outra condição essencial é o compromisso de confidencialidade por parte do *coach*, nem tanto do *coachee*. Preciso fazer uma distinção entre o que é íntimo e o que é secreto. Segredo é aquilo que me sendo confiado não pode ser dito a um terceiro sob nenhuma circunstância, já que houve um compromisso prévio a esse respeito. Íntimo é aquilo que, não sendo um segredo, fica na minha decisão contar ou não. Por exemplo, quando tomo um banho na minha casa, minha família sabe, toma conhecimento, não é segredo; entretanto, geralmente é uma ação que escolhemos realizar na intimidade, a portas fechadas. Em outras palavras, o *coachee* tem a liberdade com quem quer que deseje acerca do que diz e o que acontece em seu processo de *coaching*, assim como o que é dito por seu *coach*. O acordo inicial é que ele tem o poder de decisão de expor ou não sua intimidade. Para o *coach*, ao contrário, o compromisso de confidencialidade implica que tudo o que for dito é segredo, é reservado ao âmbito da interação do *coaching*.

Quando o *coaching* é grupal, aplicam-se as mesmas considerações. Nessas ocasiões, já não é apenas o *coach*, mas toda a equipe que assume o compromisso da confidencialidade. Cada um dos membros poderá fazer público o que deseje acerca de sua intimidade ou das palavras do *coach*, mas o que for manifestado por seus companheiros será de absoluta confidencialidade.

Aspectos não menos importantes são o contexto ambiental e o manejo do tempo. O contexto ambiental deverá preservar a intimidade do diálogo e da ação. É praticamente impossível realizar um *coaching* em meio a um salão com outros escritórios próximos, em que os interlocutores têm de cuidar tanto do tom de voz em que falam quanto do conteúdo, por medo de que possam ser escutados e expostos.

A sugestão é prever um espaço onde o *coach* e o *coachee* não tenham de investir energia em controlar fatores externos chatos que atentariam contra a espontaneidade que é requerida nessa situação. Preservar esse aspecto do contexto também é significativo para a expressão da emocionalidade que é produzida. Também pode ser útil, revelador de detalhes interessantes, conhecer a área de trabalho do *coachee*, mas não é condição indispensável que o *coaching* se desenvolva em seu escritório. A decisão do lugar é conseqüência de um acordo mútuo de conveniências. Às vezes, por razões de agenda ou comodidade, o *coachee* prefere trabalhar em seu escritório; outras, por razão de intimidade, prefere deslocar-se ao escritório do *coach* ou a outro espaço disposto para a ocasião. É extremamente importante a condição de disposição e plasticidade do *coach* nesse aspecto, mas também seu critério e sua competência para assinalar a inconveniência quando considera que não se observam as condições adequadas.

Como pode notar-se, não existe rigidez no contexto. É, sim, importante a rigorosidade, mas o contexto em si mesmo tem plasticidade e é mutável. À medida que se avança no vínculo, o contexto mesmo se vê afetado.

Sugestões mais rígidas, que são indicadas para o início, podem "ser transgredidas" ao se progredir na relação, porque o próprio contexto gerado torna isso possível. Devo confessar que alguns dos *coachings* mais eficazes que já conduzi foram desenvolvidos caminhando em manhãs ensolaradas pelos lagos de Palermo.

(Por que não me permitir isso se até mesmo Sigmund Freud tinha sessões de análise caminhando pelos bosques de Viena?)

Uma sugestão que sempre faço aos meus *trainees* é que – junto com o resto da informação que se recebe – solicitem ao *coachee* duas coisas: uma, que façam um relato detalhado de como é uma jornada cotidiana em suas vidas e o mesmo a respeito de um dia de ócio e tempo livre.

A outra sugestão, tirada do conceito de rede sociométrica de Moreno, é que façam um desenho em que se representem como um ponto no centro da folha e logo coloquem ao seu redor todos aqueles personagens significativos em suas vidas. A distância entre esses e o ponto central corresponderá ao grau de proximidade ou distância que sentem com relação a eles. Poderão colocar familiares, companheiros de tarefa, amizades e até algum animal doméstico, se o tiverem. "Significativos" incluem tanto os aceitos quanto os rejeitados. É importante para visualizar e entender as redes de relações do *coachee*, e na minha experiência isso não apenas resulta revelador para o *coach*, mas também para o *coachee*. Esse exercício, sem dúvida, acrescenta a sensação de intimidade entre ambos, contribuindo à tão necessária geração de contexto. Com respeito à duração da sessão de *coaching*, vale distingui-lo como ato e como processo.

Como *ato*, a sessão de *coaching* não tem um tempo fixo e nem mesmo rígido, mas sim um tempo estimado. Dependerá do estilo pessoal do *coach*. Na minha experiência, um tempo ótimo de duração é de 75 minutos. É uma extensão considerável para lhe dar início, desenvolvimento e fechamento. Fazê-lo em um período de tempo curto não dá a oportunidade de aprofundamento, e sessões muito longas podem provocar um efeito esgotador contraproducente.

Como *processo*, dependerá do contrato inicial com o solicitante. Esse contrato será feito de acordo com as necessidades, as expectativas e as possibilidades do *coachee* e/ou do critério e das considerações do *coach*. Em certas ocasiões, uma pessoa contrata os serviços de um *coach* como um *personal trainer*, sem limite de tempo, com uma freqüência a definir (semanal, quinzenal, mensal). Em outras, estipula-se uma quantidade determinada de sessões durante as quais se levará a cabo o processo, com objetivos específicos. Como veremos nos passos seguintes, definir o que legitimamente se pode esperar do processo e fixar objetivos insidirá na estimativa do tempo que será investido. Aqui também a experiência e a ética do *coach* são condições para não prometer o que é impossível. Fazer o contrário seria um engano e desvirtuaria o *coaching*.

Perguntas-guia

Essa instância representa mais que explicitar o contrato em geral, assentar bases para a tarefa e definir acordos básicos. Contribui para gerar o contexto para os passos posteriores. As perguntas se voltam mais para o conhecimento do *coachee*. Por exemplo:

- *Que lugar ou posição você ocupa na empresa?*
- *O que faz em sua tarefa?*
- *Como você se sente com ela?*
- *Família, estudos, tempo livre?*
- *Quais são suas inquietudes, seus interesses?*
- *Quais experiências foram importantes em sua vida e por quê?*

O *coach* também convidará o *coachee* a perguntar sobre dúvidas e inquietudes referentes ao *coaching* e/ou ao *coach*. É uma condição básica de cuidado e respeito para com o outro, já que o *coachee* pode ser uma pessoa com experiência prévia, em cujo caso esse passo inicial será mais fácil, ainda que também possa tratar-se de alguém sem experiência em *coaching* e suas dúvidas e ansiedades possam ser maiores.

Dessa forma, é evidente que esse primeiro passo requer um profundo investimento inicial, sendo relevante para as primeiras entrevistas. Uma vez que o vínculo *coach/coachee* tenha sido estabelecido, sedimentado, e que a relação se faça contínua, torna-se desnecessário voltar aos acordos de respeito mútuo definidos nessa etapa inicial.

Os encontros de *coaching* seguintes começarão, na prática, com os passos que descreveremos a seguir. E nesses, sim, haverá algum momento inicial de "encadeamento" para a ação. Esse encadeamento – como veremos no Capítulo VIII sobre Procedimentos e Técnicas de Ação – poderá ser específico ou inespecífico. Às vezes, são simplesmente comentários triviais; outras, alguma ação corporal; em outras ocasiões, quando o contexto gerado entre ambos é muito sólido, entramos diretamente em situação de *coaching*.

ETAPA II: EXPLORAÇÃO, COMPREENSÃO E INTERPRETAÇÃO

Passo 2. Entrar em acordo sobre os objetivos do processo; fixar metas.

Passo 3. Explorar a situação atual.

Passo 4. Reinterpretar as brechas interpretativas.

PASSO 2. ENTRAR EM ACORDO SOBRE OS OBJETIVOS DO PROCESSO; FIXAR METAS

2.1. Checar o problema.

2.2. Focar a brecha existente entre intenções e resultados.

2.3. Acordo explícito entre *coach* e *coache*/contrato/metas de processo.

2.1. Não existe coaching *sem* coach, *sem* coachee *e sem "brecha"*

No *coaching*, tentaremos diminuir as brechas entre uma situação atual e uma situação desejada. Essa etapa se inicia com a declaração e a explicação de um problema ou de uma crise (que aponta para deficiências no tipo de observador que se é).

A pergunta inicial para ser explícito será: O que está acontecendo? O que lhe interessa abordar com o *coaching*? Em outras palavras, o que metaforicamente perguntamos é: Qual é sua "dor"? Falaremos de dor, porque o que o *coachee* traz – seja algo intrapessoal, seja interpessoal – é uma questão que o incomoda. Essa dor pode transitar entre: a) sofrimento ou dor sem sentido, o que geralmente provoca um incremento de condutas defensivas; ou b) aprendizagem; dar sentido a ela e conseguir transcendê-la.

A crise não tem de ser algo necessariamente "mau". Muitas vezes, são decisões que nos entusiasmam, mas que implicam uma mudança em nosso espaço de possibilidades. A partir de tal mudança, expõe-se o problema. "Problema" é um julgamento, uma categorização que o *coachee* faz diante de uma determinada situação. O *coaching* irá operar na articulação entre ruptura e julgamento, ou seja, as interpretações que fazemos das situações; as interpretações que lhe dão sentido a partir do tipo particular de observador que o *coachee* é.

Por exemplo, se alguém pede *coaching* como conseqüência de mudanças organizacionais que lhe fazem duvidar se deve continuar ou não na empresa, a "dor" da dúvida é a crise ou a ruptura. Na sua opinião, isso se constitui em um problema. As explicações e as interpretações particulares dele sobre essa crise são as articulações sobre as quais irá operar o *coach* ("desarticular" e reinterpretar).

Nenhuma situação se constitui em si mesma em uma crise. Como diz Rafael Echeverría, uma crise requer dois elementos: 1) uma determinada situação ou experiência e 2) uma forma particular de interpretá-la. O que para uns é uma crise, para outros não é. O que converte a situação em crise é a interpretação, o sentido que lhe conferimos. Uma coisa é a observação do fato, e outra é a opinião ou o julgamento que sobre ela fazemos.

Do mesmo modo – nas palavras de Humberto Maturana –, uma coisa é o fenômeno em si, e outra, bem distinta, é a interpretação de tal fenômeno. A explicaçao ou a interpretação *fala* do fenômeno, mas não *pertence* ao fenômeno. Ter uma crise é fazer um julgamento, e ter um julgamento não só fala da situação, como também da pessoa que o emite; do particular observador que é. Trabalhar nessa articulação é a tarefa do *coach*.

Uma última, mas não menos importante, consideração para esse assunto refere-se à clara identificação da crise e à rigorosa checagem de compreensão por parte do *coach*. Isso irá assegurar uma orientação para a abertura e evitará indefinições que comecem a guiar o processo por caminhos errados, fundamentados muitas vezes em intuições ou suposições equivocadas. Vale destacar que essa crise declarada pelo *coachee* é, a princípio, em múltiplas ocasiões, uma porta de acesso, ou a camada mais superficial da cebola, por trás da qual vão aparecendo outras que direcionarão o processo de *coaching* a um maior aprofundamento. Parte-se de uma crise "manifesta" detrás ou debaixo da qual poderão surgir outras, latentes ou menos reconhecidas.

2.2. *Revisão de expectativas por parte do* coachee

O objetivo desse passo é definir e explicitar brechas e fixar metas entre *coach* e *coachee* com respeito aos objetivos do *coaching*. A meta deve ser "concreta" e atingível, a partir da pessoa e das ações do *coachee*. Vale relembrar a distinção entre desejo ou aspiração e o que são fatos concretos. Por exemplo, se o *coachee* tivesse como objetivo "ser feliz em meu trabalho", seria uma definição abstrata. Iniciar uma ação aceitando essa meta como desafio, seguramente, irá terminar em fracasso. Felicidade, como conceito, terá diferentes significados de acordo com o observador. Aí é onde a escuta do *coach* irá requerer uma definição no plano do concreto. Terá de especificar o que significa felicidade para esse observador em particular que é o *coachee*. Em outras palavras, o *coach* deverá guiá-lo através de indagações para tornar concreto em fatos "o que deveria acontecer, para que você possa dizer que é feliz no seu trabalho". Com relação a esse ponto, é de particular importância focar na mudança de ações pessoais, e não em mudar os outros. É disso que falamos quando dizemos que as ações em prol de uma meta devem ser atingíveis a partir do indivíduo ou factíveis para ele mesmo.

Continuando com o exemplo, perante a pergunta do *coach*, o *coachee* poderia responder que, para ser feliz em seu trabalho, seu chefe deveria ser mais comunicativo, deveria ter um estilo de liderança diferente e reconhecê-lo em seus sucessos. O *coach* não pode nem deve prometer nunca uma mudança de situações (por exemplo, obter um aumento de salário ou uma promoção ou uma mudança de atitude de outros). Mas, sim, pode comprometer-se a iniciar um processo para expandir a capacidade de ação do *coachee*, que o levará a ser um observador diferente da situação de "infelicidade" e a desenvolver seu potencial em prol de alcançar essa meta desejada. No exemplo mencionado, o que realmente aconteceu foi que o *coach* respondeu: "Não posso prometer que seu chefe irá mudar (ou que lhe dará um aumento de salário) como meta do *coaching*, mas sim proponho a você trabalharmos juntos, para ver que novas ou diferentes ações você poderia levar a cabo a respeito disso".

O caso – que logo empregaremos como exemplo em sua totalidade – terminou com o projeto de uma conversa com o chefe, anteriormente temida e evitada pelo *coachee*. Nesse caso, o resultado teve sucesso, mas é preciso esclarecer que não podemos prometer garantia de êxito. Transforma o observador, incrementa suas competências para fazer distinções, que antes não existiam, mudam as ações, mas mesmo isso não é garantia. Por quê? Porque existe uma diferença entre objetivo de processo e objetivo de resultado.

Nos *objetivos de processo*, é incondicional a responsabilidade de quem age; esse responde às seguintes perguntas: "Quem eu vou ser diante dessa circunstância? Como escolherei responder?" Posso continuar com minha infelicidade, demitir-me ou tentar uma mudança na insatisfação perante meu chefe.

Nos *objetivos de resultado*, ao contrário, a responsabilidade daquele que age é condicional; não depende apenas dele, mas também de fatores externos a ele (por exemplo, a intransigência do outro). E mesmo assim, ao não ter êxito, a responsabilidade passa a ser do autor da ação. E novamente surgem as perguntas: "O que farei agora? Como responderei diante das circunstâncias? Posso escolher continuar apesar de tudo, porque é difícil encontrar outro emprego, e prefiro certo desprazer a ficar desocupado, posso começar a procurar outro emprego, pedir uma mudança de setor ou busco outras opções".

2.3. *Contrato entre* coach e coachee

Definir o que legitimamente pode-se esperar do processo e fixar limites. Isso é uma verdadeira declaração contra a onipotência do *coach* e – como já dissemos – orientará melhor os seguintes momentos do processo. Isso é ética, humildade e plena responsabilidade por parte do *coach*.

Perguntas-guia

O que está acontecendo? Em que você se interessaria trabalhar? O que você quer que aconteça com esse coaching? *Quais são suas expectativas? Quais os resultados esperados?*

PASSO 3. EXPLORAR A SITUAÇÃO ATUAL

3.1. O que está acontecendo?

3.2. Observações e julgamentos. Fundamentos. Processo de raciocínio.

3.3. Emoções.

3.4. Coluna esquerda.

3.1. Explorar a situação concreta

Nos passos anteriores, o propósito das indagações era checar a crise e definir claramente as metas do *coaching*, entre as expectativas que se traziam e os alcances possíveis pelo processo. O tema aí era a brecha, mas entre intenções e resultados.

Aqui, a intenção é outra, a exploração enfoca mais a situação propriamente dita. Através da indagação, buscamos ampliar a imagem do que está acontecendo e observá-la em todos seus detalhes. Aprofundar-se mais sobre a brecha entre a situação atual e a situação desejada; no que está acontecendo e que o *coachee* gostaria que passasse para se sentir em paz.

A partir desse, e dos seguintes passos, o propósito é explorar, avançando sobre a interpretação e o sentido que o *coachee* dá. Nesse ponto, é mais que relevante o lugar que ocupa a indagação, o saber perguntar, para conduzir o processo e rearticular crenças.

3.2. Diferenciar fatos e opiniões

Exploramos a situação atual, buscando uma melhor compreenção de por que "isso" que acontece é uma crise para o *coachee*, e que faz com que não possa resolvê-lo por ele mesmo. A indagação se orientará a investigar os supostos que subsistem nos juízos e nas interpretações do *coachee*.

Escutar não implica "comprar" o relato do *coachee*, mas sim compreender sua maneira particular de observar a situação. Como *coach*, escutamos ativamente suas explicações, procurando discriminar os fatos das opiniões. Esse julgamentos se referem à crise do *coachee*. Mediante a indagação e a reflexão o convidamos a fazer a distinção entre o que são observações e o que são julgamentos como fundamento do seu processo de raciocínio e, dentro do possível, que o ilustre mediante exemplos concretos. Também verificaremos inferências, definiremos seus padrões de avaliação, revisaremos o processo de raciocínio que o leva das observações às conclusões; em outras palavras, iremos propor-nos a averiguar como chega a essas conclusões a partir desses dados.*

As perguntas, que são as ferramentas do indagar, estarão orientadas para a aprendizagem, não dedicadas a mostrar os equívocos do *coachee*. O *coach* indaga não para refutar, nem para desvirtuar o relato do outro, não tem nenhuma posição e nem mesmo nenhuma verdade melhor para ser defendida.

A escuta será reflexiva. Isso possibilita o *coach* a desarticular crenças fazendo um *check back*. Isso confirma a compreensão com a intenção de ajudar a desarticular (valida a opinião do *coachee*, mas não como a verdade). O *coach* é um observador diferente. Respeita a história do outro, mas não a compra. Por enquanto, ainda explora para conseguir uma interpretação, e logo – a partir do ponto 4 – reinterpretar. Isso, muitas vezes, muda o foco sobre a crise, que passa a ser diferente daquele declarado no início.

3.3. Incluir as emoções

Como diremos no Capitulo VII sobre A Linguagem das Emoções, as emoções constituem um domínio sempre presente em toda a ação humana. A crise do *coachee* e a brecha a se diminuir estão sempre atravessadas por emoções. Algumas muito manifestas e outras latentes. Muitas vezes, a emoção é claramente reconhecível e outras, aparece negada, manifestando-se como sensação.

Um *coaching* pode ser iniciado a partir de uma emoção. O *coachee* sente que algo lhe acontece, ele tem uma vaga idéia do que não pode precisar com clareza; ou do contrário, quando é muito forte a emocionalidade que o paralisa. Essa emoção é, então, a via de acesso a uma exploração que nos guiará a uma interpretação. Ocorre também de existirem emoções que encobrem outra, como a tristeza que encobre a raiva e vice-versa.

* Lembre-se do relato do treinador de insetos.

Chegando a esse ponto do processo de *coaching*, é preciso explorar a emoção que abarca o *coachee* na situação investigada para elevar a uma maior compreensão do sentido que o *coachee* outorga ao que se passa. A interpretação que ele fizer irá derivar uma emoção e condicionará a resposta; a raiva, por exemplo, será conseqüência da interpretação que o *coachee* fizer de um acontecimento que o fez sentir-se agredido. As ações conseqüentes serão possivelmente feitas a partir da raiva ou do ressentimento. Também pode acontecer o contrário, em que uma emoção prévia – que pode ter ou não a ver com a situação atual – contamine a interpretação (como estar em um desses dias em que vemos tudo negro, ou sentimos que o mundo conspira contra nós). Definimos as emoções como predisposições para a ação; em função delas, realizam-se determinadas ações e se evitam outras. Uma equipe também atuará diferente se estiver motivada ou não.

Muitas vezes, ao começar a trabalhar com as emoções, produz-se um giro que reorienta a direção do *coaching*. Por exemplo, lembro-me do *coaching* com o gerente de uma empresa de alimentos. Depois de 15 anos de trabalho na empresa e devido a uma crise que surgiu como conseqüência de uma dívida da companhia, ocorreram mudanças organizacionais com redução de pessoal. O clima dentro da organização era tenso. Suas emoções eram de desengano, temor e desmotivação. O *coaching* começou com o dilema de continuar ou demitir-se. Seus julgamentos eram que o mercado estava complicado, somado àqueles que falavam das injustiças cometidas na empresa.

No curso da interação – além de fazer distinções entre fatos, opiniões e seus fundamentos –, nos orientamos nas conseqüências de cada um dos extremos do dilema. O que aconteceria se decidisse continuar em sua posição? Quais seriam as possíveis conseqüências no âmbito pessoal e interpessoal, com respeito aos projetos e tarefas etc.? Dessa forma, pudemos definir melhor que o que estava acontecendo era que já não havia projeto, que não se estavam respeitando contratos prévios, que a situação era de subsistência. Esgotada essa instância, exploramos o outro extremo: quais seriam as conseqüências caso decidisse renunciar ao cargo? Nessa instância, ele pôde definir claramente que seu desejo era renunciar, mas o que o paralisava era o medo de ficar desocupado. Foi nesse momento que demos a volta, que mencionamos antes, e a reorganização na direção do *coaching* acabou levando-nos para focalizar seu "medo" para processá-lo, redimensioná-lo e tentar transcendê-lo utilizando ações efetivas.

A abordagem do trabalho emocional deverá ser muito cuidadosa e respeitosa. Existem pessoas muito abertas à expansão e ao compartilhar emocional, como existem muitas pessoas reservadas ou introvertidas. Qualquer intuição ou suspeita que o *coach* tiver deverá passar previamente pela checagem. A situação será muito diferente se for o *coachee* que disser como se sente, ou se irrespeitosamente atribuímos ao *coachee* uma emoção ("você está se sentindo culpado!" ou "você está com medo!"). Uma maneira adequada de proceder será perguntar, checar uma percepção ou averiguar uma hipótese que temos como *coach*, como: "Você se sente culpado perante isso?" ou "você acha que pode estar sentindo medo perante isso?" ou ainda "tenho uma hipótese que gostaria de compartilhar e checar com você..."

Assim como a febre não é uma doença, mas sim remete ou assinala que existe uma infecção em algum lugar do organismo, também as emoções são indicadores ou sinais que contêm uma valiosa informação que é preciso escutar, interpretar e aproveitar. Elas também são expressões de um particular observador.

Sem dúvida, é relevante explorar e interpretar as emoções, suas raízes, a forma como agem, suas conseqüências, e trabalhar nelas com a finalidade de processá-las, transcendê-las e expandir nossa capacidade de ação efetiva e produtiva.*

3.4. Investigar a coluna esquerda

Da mesma forma que acontece com as emoções, também os pensamentos que não são expressos são fonte de uma riqueza inestimável e potencial se aprendemos a reconhecê-los, processá-los e expressá-los. É de suma importância explorar esses conteúdos guiando o *coachee* através de perguntas acerca de quais são os pensamentos e sentimentos não expressos, o porquê de não serem expressos, quais seriam as conseqüências de dizer ou não dizer esses conteúdos, o que se está evitando etc.

* Para um maior aprofundamento sobre esse tema de tamanha importância, remetemos ao Capítulo VII sobre A Linguagem das Emoções, em que também encontrará roteiros ou perguntas do *coach* para trabalhar com estados emocionais.

Por que esse passo é de vital importância? Porque com toda a certeza, encontramos ali a verdade mais essencial para o *coachee*. Muitas vezes, o que nos mantém "aprisionados" é não dizer a verdade. Lembremos que não existe tal coisa como *a verdade*, mas sim nos referimos à verdade do *coachee*. Reconhecê-la será, então, um primeiro passo para em seguida ver como processá-la e torná-la produtiva.

Perguntas-guia

O que está acontecendo? Qual é a situação? Onde isso acontece? Quem são os protagonistas? O que você gostaria que acontecesse ou que tivesse acontecido? O que você precisa que aconteça para se sentir em paz? O que mudaria se acontecesse X? Você tem alguma idéia... o que acha que acredita sobre por que aconteceu o que aconteceu? Ou, qual a sua opinião sobre por que acontece X? O que faz você pensar que...? O que teria de acontecer para que você mudasse sua opinião? O que o impede de agir? Como você se sente com isso? O que está na sua coluna esquerda (pensamentos e sentimentos ocultos)? Por que não os expressa? Quais são as conseqüências (desejadas e não desejadas) de dizer e de não dizer isso? Em que dados/observações se fundamenta sua opinião? Que o leva a pensar que sua opinião é válida? Como você chega a essa conclusão a partir desses dados? Em que o incumbe/preocupa/importa o que está acontecendo? Quais opiniões você está tomando como fatos? Quais compromissos foram quebrados ou não foram honrados? Quais desculpas não foram oferecidas (tanto do coachee *quanto de um terceiro)?*

PASSO 4. REINTERPRETAR AS BRECHAS INTERPRETATIVAS

4.1. "Rearticular" e "reinterpretar" crenças. Responsabilização.

4.2. Indagar na matriz. Reformular a matriz.

4.1. Rearticulação e reinterpretação de crenças

Tendo avançado na exploração de observações, julgamentos, processos de raciocínio, emoções, pensamentos não expressos etc., procuramos, aqui, aprofundar a compreensão e a interpretação. Algo que começou em passos anteriores, agora, começa a se fechar como etapa, ao mesmo tempo que dialeticamente abrirá novas interpretações e irá gerar novos sentidos.

O *coach* convida o *coachee* a assumir respons(h)abilidade, ajudando-o a transformar seus julgamentos automáticos em explicações "responsáveis". Que possa transformar o observador que é, envolvendo-se como um fator contribuinte da situação ou da dor que o angustia. Trata-se de contar a história como protagonista (não como vítima). De forma tal que abra possibilidades de ação. Compreenderá, a partir de si mesmo, que *isso* não é o que acontece; e *sua* interpretação do que acontece com ele e, como tal, é apenas uma das múltiplas interpretações possíveis.

No exemplo mencionado anteriormente, que logo desdobraremos em sua totalidade, o *coachee* compreenderá que "injusto" é o "seu" julgamento, sua interpretação a respeito de seu chefe; não é um fato. Assumirá responsabilidade no lugar de falar dando opinião sobre o outro, para que ele possa expressar-se em primeira pessoa: "Não me sinto reconhecido" e possa ver-se como fator contribuinte de seu sofrimento, porque, até então, via-se como vítima e, como tal, fechava para si todas as possibilidades de ação.

O interessante é que, muitas vezes, a reinterpretação por si só leva a uma dissolução. Tudo o que disse, insisto, não tem a ver com culpar-se. Responsabilizar-se, a partir dessa concepção, é responder-se à pergunta sobre "que possibilidades gerarei para responder às circunstâncias?"; "como ser protagonista e não contribuir com a omissão para a insatisfação da situação?"

O que fizemos? Desarticulamos, rearticulamos e reinterpretamos. Buscamos outras interpretações possíveis, distintas da inicial. Começamos, assim, a armar um modelo interpretativo diferente, que se fechará em ações posteriores.

4.2. Indagação na matriz e reformulação da matriz

Cabe ressaltar que esse é um passo de suma importância, ainda que nem sempre seja levado a cabo. Como descreveremos mais adiante, consiste em um aprofundamento na história pessoal e no ser do *coachee*, que requer muita perícia e profissionalismo por parte do *coach*. Por momentos, poderia até ser confundida com uma intervenção psicoterapêutica, o que por si só já seria um valor agregado caso o *coach* fosse um psicólogo.

De qualquer maneira, é requisito fundamental antecipar ao *coachee* o que se tenta explorar, o porquê, o para que e a modalidade de intervenção. É preciso contar com a permissão do *coachee*, senão seria um abuso e uma falta de respeito.

"Ontem, alguém foi aquele e hoje ele é este. Mas é útil ver hoje aquele que foi ontem, porque nesta dialética está se construindo aquele que será amanhã."

Eduardo Pavlovsky

Falamos neste ponto de indagar na matriz e reformular a matriz. Ambos os conceitos são básicos na concepção psicodramática. O *locus* constitui o lugar, o tempo, a situação e o momento matricial no qual se apóia um ato fundamental. É o cenário em que acontece o ato fundamental. O útero e a placenta são o *locus* da criança por nascer. Assim como tudo tem seu lugar, tudo tem sua *matriz* de ações ou respostas também fundamentais. A atitude original de um sujeito perante uma circunstância em algum momento da sua vida se constituirá na matriz de uma conduta, que, tendo sido adequada nesse momento ou *locus*, poderia repetir-se automaticamente diante de outros *locus* ou circunstâncias. Essa resposta defensiva que foi adaptativamente adequada ante um estímulo será limitante e obstáculo a novas respostas em circunstâncias vitais diferentes.

Assim, por exemplo, a negação que foi matriciada defensivamente por um menino aos 10 anos com resposta a uma situação de medo tenderá a se repetir como resposta na idade adulta, mas agora já inadequadamente. Aos 10 anos respondeu da melhor maneira que sua estrutura – física, psíquica, emocional – do momento lhe permitiu. Aos 30 anos, essa maneira de responder, fortemente arraigada nas experiências do passado, opera como um obstáculo bloqueador, limitante da ação e da aprendizagem. O que foi matriciado como resposta defensiva diante de um pai autoritário, por exemplo, provavelmente se repetirá perante a figura de um chefe com essas características no âmbito empresarial. Com toda a certeza, também não será difícil o reconhecimento das mesmas atitudes-resposta em outros aspectos de sua vida vincular.

Quando exploramos a conduta que o *coachee* dá como resposta a uma situação, é muito mais relevante perguntar sobre o para que, do que sobre o porquê.

No processo de *coaching*, perguntamos sobre a particular "forma de ser do *coachee*" e, em função dos conceitos já falados, uma operação fundamental irá consistir na exploração dessas condutas limitantes e na capacidade de assumir responsabilidade diante delas. Trata-se, então, de reformular as matrizes, isto é, buscar novas respostas para as circunstâncias do presente. Quais são os recursos e as possibilidades de responder agora? Perguntas-chave para o *coachee* serão: onde mais vocês se vêem respondendo dessa forma? Acontece ou aconteceu o mesmo em algum outro momento da sua vida? Quando? O que aconteceu? Como foi? Qual seria o denominador comum dessas situações? Quais são os recursos e as possibilidades de responder agora?

É mais que evidente o cuidado particular, respeito e perícia que são necessários para quando intervimos e operamos indagando na matriz.

Perguntas-guia

Como você poderia explicar o que foi trabalhado, mas a partir de você, quer dizer, em primeira pessoa do singular? Em outras palavras, como você poderia transformar os julgamentos e as explicações de "vítima" em explicações de "protagonista"? Em que/como você contribuiu com essa situação? Como você acredita que é um fator contribuinte? Qual e quanta responsabilidade você está disposto a assumir diante dessa situação? Que outra forma de explicar você poderia dar? Que desejos você não está honrando/qual é o seu sonho? Qual seu interesse mais profundo por trás desse desejo? Qual a verdade que você está ocultando? Quando isso aconteceu anteriormente na sua vida? Como você resolveu ou enfrentou a situação naquela época? Em que outras circunstâncias isso acontece ou aconteceu?

ETAPA III: EXPANSÃO

Passo 5. Projetar ações efetivas.

Passo 6. Desempenho de papéis.

PASSO 5. PROJETAR AÇÕES EFETIVAS

5.1. Explorar alternativas e possibilidades de ação. Escolha da ação.

Aprender é expandir a capacidade de ação efetiva. Na etapa anterior, a ênfase estava na exploração, na compreensão e na interpretação. No encerramento de tal etapa, o *coachee*, sendo seu próprio observador, pode reconhecer-se e aceitar-se como parte envolvida na situação. Na etapa que agora se abre, o conceito de ação é central. O *coachee* já gerou novos sentidos, reinterpretando crenças. Agora, é a instância em que não basta que o *coachee* modifique as interpretações, mas sim que, sendo um observador diferente, expanda sua capacidade de ação, deslocando-se em direção a uma forma de ser diferente. Logo, suas ações – e provavelmente os resultados – serão diferentes. Somos através do que fazemos. Agimos como somos e somos como agimos, e essa ação, por sua vez, gera o ser. "A melhor maneira de *fazer* é *ser*" (dito atribuído a Lao Tsé).

Aqui, o *coachee* projeta o futuro. A ação está orientada ao futuro, buscando alternativas de ação que lhe possibilitem contribuir como protagonista, para mudar a situação que o aflige e/ou alcançar os resultados desejados.

A imagem seria como ter todos os elementos analisados, desdobrados sobre a mesa como um mapa, e começar a traçar cursos de ação a partir de um princípio de humildade que diz: "Não posso mudar o passado – nem mesmo Deus o pode –, mas posso tentar projetar o futuro".

Dado que também a linguagem é ação, o *coaching* se vira para explorar alternativas de diálogo possíveis com a implementação das ferramentas dialógicas anteriormente descritas. Finaliza esse passo com a seleção daquela alternativa que o *coachee* considera que mais lhe "convém" ("vem com ele"; quer dizer, com suas competências, com sua emocionalidade).

Perguntas-guia

Que alternativas de ação você vê como possíveis? Como você poderia dizer à sua coluna esquerda habilidosamente? Que estratégias/curso de ação poderia ajudá-lo a obter o que quer? O que leva você a pensar nelas como alternativas? O que você vai fazer? Como você pode mudar aquilo que aconte-

ceu? Para que você faria isso? O que você espera como resultado? O que você sente com o impedimento para agir? O que você vê como obstáculo?

PASSO 6. DESEMPENHO DE PAPÉIS

6.1. Simulação e prática

Somado à resistência à mudança, o *coach* deve compreender o desafio que é para o *coachee* realizar ações não habituais em seu comportamento. A ação a seguir será, certamente, um *desafio* e terá de ter cuidado com o *coachee* para que sua implementação não se converta em "suicídio".

É importante levar em conta que não existe tal coisa como *o correto*. Não existe *uma* estratégia correta de intervenção e ação. Por isso, será de suma utilidade ter uma rede de contenção com o *coachee*, simulando com o *desempenho de papéis* a situação futura e praticando a aplicação das ferramentas aprendidas, no âmbito de dentro do contexto do *coaching*.

Dado o contexto, esse é um espaço de segurança psicológica e emocional, no qual até os erros são oportunidades para aprender. O *coach* se compromete fisicamente na ação, desempenhando na cena os diferentes papéis designados. Trabalhamos encenando uma suposta situação (por exemplo, uma conversa com um superior), na qual se intervém de acordo com a ação escolhida para ser levada a cabo.

Durante o *desempenho de papéis* implementam-se diferentes técnicas dramáticas: solilóquio, inversão de papéis, concretização, espelho, dupla etc.* Sugerimos que o *coach* assinale coisas a partir da própria ação, do ponto de vista do papel que está desempenhando. Por exemplo, o *coachee* lhe pede uma reunião com seu chefe para conversar. O *coach* – no papel do chefe – poderá responder que precisa pensar. O que fará o *coachee* nesse caso? Pode ir embora aceitando a resposta ou poderá dizer: "Ok. Desculpe-me, vejo e compreendo que você está com o tempo limitado; quando você acha que poderia dar-me uma resposta?" Em outras palavras – praticando com as ferramentas aprendidas no *coaching* –, tentará que o seu pedido se encerre com um compromisso.

---

* Ver técnicas psicodramáticas e *coaching*.

Também é um exercício muito útil para exercitar o processamento dos pensamentos que estão na coluna esquerda. Isso nos dará margens para a correção e a adequação dos rumos a seguir e de atitudes, ações e conversações a implementar.

Perguntas-guia

Aqui, não existem perguntas específicas. Elas surgirão da interação e do jogo de papéis. A partir do próprio jogo de papéis, o coach vai assinalando, didaticamente, as adequações e as correções necessárias.

ETAPA IV: FECHAMENTO

PASSO 7. REFLEXÕES FINAIS E ENCERRAMENTO

7.1. Integração de aprendizagens e compromissos para a ação

Lembremos que o *coaching* é um processo fundamentalmente baseado no amor e no respeito pelo outro. Do mesmo modo que muitas vezes dizemos que uma roupa "é linda, mas mal-acabada", o mesmo poderia acontecer com o processo do *coaching* se não formos cuidadosos com esse momento do processo. Se como mecânico vou desmontar um motor para explorá-lo e consertá-lo, deverei contar com as competências para voltar a montá-lo. Da mesma forma, o *coach* deve atuar com impecabilidade e fazer um encerramento adequado. Sua ação não pode ficar apenas em algo "catárquico". Essa última etapa se constitui em um momento de processamento e integração da aprendizagem. Também de compromisso para a ação. O *coach* ajudará na indagação e na reflexão acerca de quais foram as aprendizagens, quais são os pensamentos e sentimentos do *coachee* agora em relação ao início e também se estende o diálogo para além de outros comentários finais emergentes.

Nem sempre, mas em diversas oportunidades, implemento uma técnica baseada na prospecção psicodramática do futuro, solicitando ao *coachee* – já próximo ao encerramento da sessão – que se imagine voltando para casa e refletindo sobre a sessão. Como se sente a esse respeito e em relação a nós dois? Ficou algo sem ser dito ou alguma pergunta não formulada? Expresse seus pensamentos em palavras! Essa metodologia não apenas me deu bons resultados, mas também muitas vezes se constituiu em um prólogo da sessão seguinte. A sessão de *coaching* como *evento* terminou; como *processo*, continua para além das conclusões finais e do encerramento.

Perguntas-guia

O que você aprendeu? O que você faria de modo diferente se voltasse a acontecer algo parecido? O que pensa agora? Como você se sente agora? O que você vai fazer? Qual o seu compromisso de ação?

EXEMPLO. DESENVOLVIMENTO DE UMA SESSÃO DE *COACHING*

No exemplo a seguir, você poderá reconhecer a aplicação de conceitos e ferramentas descritos anteriormente. Apesar de o *coaching* como processo ter princípio, desenvolvimento e encerramento, reiteramos que a distinção em quatro etapas e sete passos é apresentada apenas com fins didáticos; na prática, o modelo de intervenção é mais dinâmico. Os passos e as etapas se entremesclam e articulam-se realimentando-se entre si. Em muitos momentos do processo, damos um passo atrás – onde se revisa, corrige-se, observa-se a partir de outro lugar –, para em seguida darmos dois adiante.

Contexto: a ação se desenvolve no escritório particular de Guilherme, líder de projeto, com tempo de trabalho de sete anos na empresa. Cláudio é *coach* externo, contratado pela empresa, para assistir a vários de seus líderes e gerentes. O vínculo entre ambos já tem alguns meses de encontros quinzenais, com o qual entendemos que existe um contexto prévio gerado entre eles. Já não é necessário investir tempo no que seriam os passos 1.1 e 1.2. Isso facilita a interação e faz com que as saudações iniciais sejam rápidas e se passe rapidamente à intervenção.

(Encontro, saudações iniciais)

Cláudio, coach*:* Bom, diga-me, o que você quer que trabalhemos?

Guilherme, coachee*:* Tenho uma situação difícil, acredito, com meu chefe.

C.: Vejamos: o que está acontecendo?

G.: Não estou bem; ando desanimado, desmotivado. Não tenho vontade de vir ao escritório. Além do mais, estamos com um novo projeto e, diferentemente de outras vezes, não estou entusiasmado. Não estou rindo como gostaria, minha equipe não entende o que acontece, mas... se dá conta que tem algo que não anda bem. Alguns me perguntaram, mas não sei, ou não quero dizer-lhes. Mas é evidente que minha atitude atrasa a tarefa. Por mais que tente, não consigo.

C.: Qual a sua opinião sobre esse novo projeto?

G.: Superinteressante!

C.: Devo entender, então, que o tema não é o projeto em si.

G.: Absolutamente. Sou eu que pareço andar sem pilha.

C.: Como você explica isso? Qual sua opinião sobre isso?

G.: Na minha opinião, são as injustiças do meu chefe. Acho que tem a ver com isso.

C: E você, o que gostaria que acontecesse com isso? O que teria de acontecer para que as coisas fossem diferentes? O que você chama de injustiças do "meu chefe"?

G.: Meu chefe teria de mudar a sua forma de ser. Seu trato não é bom. Já lhe falei antes de uma situação difícil. Já não o agüento e já pensei até em pedir transferência.

C.: Interessaria a você trabalhar comigo? O que você gostaria que acontecesse nesse *coaching*?

G.: Não sei. Que me ajude a descobrir o que fazer. Penso em confrontá-lo porque tenho bronca, mas também um certo medo. Você sabe como são essas coisas...

C.: E qual seria seu objetivo se o fizesse, digo, se o confrontasse?

G.: Que mude sua forma de ser, que saiba o que penso da sua forma de liderar e o impacto disso na equipe.

C.: Não posso garantir-lhe que ele vá mudar. Isso está fora das suas possibilidades. Também não acho que seja esse o ponto, mas me parece interessante que se proponha a fazer algo... proponho-lhe trabalhar nessa conversa que você quer ter... o que acha?

G.: Ok.

C.: Vejamos. Ouvi você dizer que o seu trato não é bom, que trata você mal. Faz pouco tempo, por causa dessa sua raiva, você chegou a dizer um palavrão. Essa é uma opinião generalizada?

G. (pensa): Não, não é. Na verdade, faz pouco tempo que está com a gente. Ele veio da matriz, na Alemanha, onde parece que teve muito sucesso. Os diretores o reconhecem e, no geral, a equipe o respeita.

C.: Bom, baseado no que você está me dizendo, parece então que ele não é um "*filho-da-mãe*", mas sim que *você* opina que ele é... e essa é uma distinção importante. Você pode ver isso? Continuemos: em que se baseia para dizer que ele é injusto? Quais são seus dados?

G.: Não entendo você, o que você quer dizer com isso?

C.: Desculpe-me, quero dizer, quais são os fatos que o fazem pensar assim? O que é para você "me trata mal"? Em que você se baseia para ter essa opinião?

G.: Simples, sou um dos que mais trabalham, praticamente sou o primeiro a chegar e o último a sair, o que não é pouco, já que me traz enormes problemas com minha esposa e meus filhos. Trago minhas tarefas em dia, ganhamos 78% das licitações, no último balanço verificamos rentabilidades que superaram as expectativas, são excelentes as análises de ambiente de trabalho, a equipe está supermotivada... o único que não anda bem sou eu, que tenho vestido a camisa da companhia (*continua visivelmente com raiva*). Você viu algum agradecimento? Algum "muito bem"? É injusto que não exista o mínimo reconhecimento pela gestão!... Claro, é minha obrigação, não é? Se eu estou fazendo apenas o que é meu dever, então eu vou embromar! Às vezes, tenho até vontade de dar umas bordoadas nele. Queria que uma vez, pelo menos uma vez, ele reconhecesse o que eu faço pela companhia.

C.: Preste atenção, que interessante o que você acabou de dizer! Você escutou a si mesmo? Você disse "queria ser reconhecido"... Isso é muito diferente de dizer "é um injusto, um *filho-da-mãe*". Você não acha? *(Silêncio reflexivo.)*

C.: Que distinção você vê entre *é um injusto* e *queria ser reconhecido no meu trabalho*?

G. (*sorrindo*): Você acha que eu não noto, não é? Na primeira afirmação, estou falando do outro, na segunda, estou falando de mim.

C.: ... o que nos traz de volta ao princípio. É "um injusto" é uma apreciação pessoal sua e não transforma seu chefe em tal coisa; de fato – como você mesmo reconhece –, muitos têm opinião diferente. Logo, seu desejo: "Quero que mude sua forma de ser" não será algo talvez pretensioso? Injusto também? Quem sabe impossível? Quantas vezes nos acontece o mesmo com nossa esposa, amigos, filhos?... Estou sendo claro?

G.: Creio que sim. Sempre achamos que é o outro que tem de mudar.

C.: Existe uma enorme diferença entre "mudar o outro" e "ser reconhecido pela minha tarefa"! E o mais importante: dar-se conta de que isso abre um enorme espaço de possibilidades de ação, que provavelmente o aproximem mais do resultado esperado do que o fato de darlhe umas bordoadas. Então, vamos ver se podemos focalizar ainda mais no objetivo que você tem. Trata-se de ampliar o campo de seu espaço de possibilidades. Qual é o interesse mais profundo que está por trás do seu desânimo e da sua raiva?

G.: O que eu gostaria é de obter reconhecimento pelo que eu faço. Reconheço.

C.: E sua lógica diz: "O que não me reconhece é um injusto e um *filho-da-mãe*"... Está vendo? E o que você acha que pode fazer nesse sentido? Em outras palavras: quanta responsabilidade você está disposto a assumir?

G.: Tenho consciência de que deveria poder conversar com meu chefe, mas como faço para lhe dizer *tudo* que penso?

C.: Voltamos ao mesmo. Quem lhe disse que você tem de dizer tudo que pensa?

G.: Mas... não é você que sustenta que se tem de falar a verdade? Como fica isso?

C.: Em todo caso, vamos concordar que não existe tal coisa como a verdade. Se você for um pouco mais humilde, poderemos aceitar que você tem sua verdade (tão válida quanto a do outro). E acredito não me equivocar quando afirmo que você não sabe absolutamente nada da verdade de seu chefe. Quer que trabalhemos nisso?

G.: Ok.

C.: Conta pra mim alguma cena ou situação com ele. Algo cotidiano em que ocorra isso que você diz que acontece e que tanto o incomoda.

G.: Fácil. Entrego-lhe a última avaliação dos resultados com uma excelente projeção de vendas para o próximo trimestre. Vou ao seu escritório e, mesmo que eu cumpra o prazo e a forma, ele me recebe muito formalmente, folheia-o, remarca alguma coisa, e não consigo ver nenhum gesto de satisfação além de ele não dizer nada… Agradece-me e com secura continua: "Quando terminar o que estou fazendo, vou olhar com mais calma. Obrigado".

(Silêncio)

C.: Continue imaginando esse momento e me conta o que você pensa e sente… quais são aqueles pensamentos e sentimentos que não está expressando? Se ajudá-lo, feche os olhos. Diga-os agora, como se estivesse diante dele.

G. (em um solilóquio, como se falasse com o chefe): Você se dá conta que é sempre o mesmo? Você jamais vai me dizer: "Muito bom, ou me alegro, ou bom trabalho, ou me sinto orgulhoso pelo que você conseguiu"? Por que não vai você aos cursos de liderança para os quais me manda?

C.: E isso lhe dá muita raiva… *(o* coach *assinala isso para incluir a emocionalidade).*

G.: Com você não seria a mesma coisa? Vamos…

C.: Provavelmente…, ainda que eu ache que por trás da raiva poderia haver alguma outra emoção. Eu ficaria animado em pensar que não é diante da raiva que você fica desmotivado. O que você acha?

G.: Está certo. Grande parte do tempo estou ressentido e triste…

C.: Agora, entendo um pouco mais e lhe agradeço. Então, o que você vai fazer com isso? Há várias opções. Você pode ir e "despejar" sua raiva. As conseqüências? Não recomendo a você! Você poderá sair do seu escritório e continuar "remoendo e engolindo" decepções. Conseqüências? Já sabe quais são, em você mesmo! Desânimo, desmotivação, irritação, tristeza, princípio de úlcera e outras coisas.

G.: Mas, então, não tem solução? Faça o que fizer, o resultado não será bom?

C.: Olha, lembro-me de um velho provérbio que diz: "Quando tiver duas opções igualmente ruins... escolha uma terceira". Se você escolher não despejar e nem mesmo engolir, como poderia dizer "sua verdade" honradamente? Como dizer, sem lhe causar dano, sem causar dano ao outro e sem causar dano à relação e nem pôr em risco o seu trabalho?... Voltemos um pouco atrás em nosso raciocínio; qual é o interesse mais profundo que existe por trás de "dizer sua verdade"?

G.: Reconhecimento. Meu objetivo é saber quanto o meu trabalho é importante. Estar novamente motivado, entusiasmar-me com o novo projeto e... dormir mais tranqüilo.

C.: Bom. Avançamos em algumas coisas. Seu interesse já não passa por ensinar-lhe como se deve gerenciar. Então, vai concordar comigo que lhe dizer que faça um curso de liderança não vai fazer com que você obtenha reconhecimento como resultado. Como transformar sua conversa em uma conversa produtiva? O que você acha de encenarmos uma possível conversa? Quem sabe encontremos juntos uma alternativa melhor?

G.: Sabe que eu não sou muito bom para isso. Às vezes, sinto-me meio ridículo, mas tudo bem, vamos fazer.

C.: Bom *(incorpora-se para fazer um desempenho de papel)*, a princípio, vou representar seu chefe. Pensemos nessa possível conversa. Conte-me mais alguns dados como ele responderia; o que eu diria no papel do seu chefe?

Começa, aqui, o jogo de papéis no qual *coach* e *coachee* simulam e praticam. A aprendizagem vai se incorporando através das sinalizações, das correções e das adequações que se vão fazendo a partir dos papéis e com a implementação de técnicas, como o solilóquio, a inversão de papéis, o espelho etc.

Finalizando o *desempenho de papéis*, aconteceu o seguinte diálogo:

C.: Como você está agora?

G.: Melhor. Não sei. Assustado, mas tranqüilo. Vejo uma oportunidade.

C.: Existe mais algo que precise esclarecer a respeito? Alguma dúvida?

G.: Suponho que muitas, mas hoje estou bem. Vejo as coisas de um modo diferente.

C.: E o que você fará?

G.: Respirar, valorizar-me, e ver se posso fazer algo diferente do que sempre faço.

C.: Bom. Alegro-me. Confio em você e lhe desejo muito sucesso. Não posso garantir que o tenha, mas certamente você se sentirá melhor consigo mesmo. Em paz. Tudo isso é um desafio e os desafios fazem muito bem à alma. Na próxima você me conta?

Duas semanas depois, Guilherme e o *coach* voltaram a se encontrar. Cláudio, muito interessado, pergunta sobre o acontecido (uma das possibilidades era que o *coachee* não tivesse feito nada). Gratamente surpreso, escuta o relato de Guilherme sobre a conversa com seu chefe, que foi mais ou menos nesses termos:

G.: Oi Mário! Sabe, eu gostaria de ter uma conversa com você. Você tem um momento disponível?

Mário (chefe): Aconteceu alguma coisa?

G.: Sim e não. Existe algo que quero conversar com você...

M.: Estou indo a uma reunião, mas tenho dez minutos, se você quiser...

G.: Não. Escuta... prefiro não fazer com pressa. Sei que você está muito ocupado, mas eu gostaria de dispor de certo tempo. Para mim, é muito importante, mesmo que não seja urgente. Prefiro que agendemos um encontro assim que puder. Posso esperar sem problemas.

M. (falando pelo interfone com sua assistente): Andréa, como está minha agenda para amanhã?... Só às 10 horas? Por favor, não marque nada até as 10 horas. Obrigado. *(Dirigindo-se a Guilherme.)* Amanhã às 9 horas está bom? Ok. Nós nos vemos aqui.

Guilherme conta essa parte da conversa com orgulho, ao poder ter respondido com efetividade que preferia esperar outro momento, já que somente dez minutos não teriam possibilitado uma conversa adequada.

No dia seguinte:

M.: Ontem, eu fiquei um pouco preocupado. Estou escutando...

G.: Faz tempo que penso nessa conversa e lhe confesso que não é muito fácil para mim. Não faz muito tempo que você está nessa função e eu já estava bastantre acostumado ao estilo do chefe anterior.

M.: Faça como puder. Se tiver algo que eu não entenda, vou perguntar-lhe.

G.: O tema é o seguinte: no meu entender, faço minha tarefa com absoluta responsabilidade; a equipe está alinhada com os objetivos da gerência e da companhia. Sinto-me competente e com crédito na minha posição. Os resultados que obtivemos superaram expectativas e as projeções são excelentes.

M.: Sim, eu sei.

G.: O que acontece é que, mesmo com isso tudo, não me sinto reconhecido na minha gestão e eu gostaria...

M. (interrompendo): Desculpe-me, deixa eu checar uma coisa; você recebeu seu salário?

G.: Sim.

M.: E... mais nada?

G.: Não. Também um bônus.

M.: Então? Não entendo. Você sabe melhor do que eu que a cultura da companhia é premiar com um adicional como reconhecimento. Foi pouco? Você não concordou?

G. (confuso): Não. Tem razão, e me veio muito bem, já que estou pensando em trocar de carro. Estou sentindo-me um pouco bobo agora e lhe peço desculpas. Mas, sabe o que é? Estou agradecido por isso e sem dúvida a grana é importante, mas existem outras coisas que também são importantes para mim... me importa ter *feedback* e conhecer a sua opinião sobre o meu trabalho. Saber do seu respeito e da sua confiança em mim me motiva muito mais. Dá mais força para que eu realize a tarefa. Concretamente, tenho um pedido para lhe fazer, é que de vez em quando me faça saber das suas opiniões. Seria possível?

M.: Realmente, não é muito o meu estilo. Mas eu entendo o que você diz e devo reconhecer que talvez, equivocadamente, nunca pensei nisso... Não posso prometer que vá fazer sempre, mas estarei mais atento ao seu pedido no futuro. Ok?

G.: Ok. Obrigado.

Novamente, Cláudio e Guilherme, encerrando.

C.: Fico muito alegre de escutar você! Estou gratamente surpreso. Agora que essa situação já passou, eu queria perguntar-lhe algo: o que você aprendeu com isso tudo?

G.: Ah, de tudo. Ainda que eu não tenha gostado muito de algumas coisas. Primeiro, que devo continuar aprendendo, e que o meu chefe *(sorrindo)* também deve continuar aprendendo. Outra, é não supor que sei tudo; ser mais humilde e menos arrogante. Além do mais, não julgar sem fundamentos e escutar mais as verdades do outro. Dessa forma, revisar eu mesmo a minha forma de liderar; algo muito importante é aprender a pedir. Mas, sobretudo, continuo maravilhando-me com o enorme poder da linguagem. Obrigado, agradeço muito a você por isso.

C.: Eu que lhe agradeço.

Sugestão para o leitor: a título de exercício, convido-o a reler o caso desenvolvido tentando relacionar as aprendizagens até o momento. Ir reconhecendo as diferentes etapas do *coaching*, os passos, o decorrer da conversa, as ferramentas dialógicas empregadas e como se implementaram. Também aceitar o desafio de perguntar-se que outra via de intervenção poderia ter sido implementada e por quê. De coração lhe desejo êxito.

Capítulo VI

Eloqüência do Corpo. A Linguagem Corporal

Já se passaram quase 30 anos e ainda lembro emocionado a seguinte cena:

> *Eu, saindo de casa para ir ao escritório, digo em voz alta: "Esse corpo se retira!"*
>
> *Diego, meu filho maior, dando-me um beijo espontaneamente, diz: "Este corpo se despede!"*
>
> *Fernando, o menor, jogando-se em meu pescoço, completa: "E este corpo lhe dá um beijo!"*

Vejo-me esperando pelo elevador, sorrindo, ao relembrar a cena vivida e refletindo, algo que *somos* está permanentemente com/entre nós, e ainda é necessário nomeá-lo para percebê-lo.

Um pouco de história pessoal. O *coaching* entrou na minha vida como para formar parte da minha prática profissional, no início da década de 90. Mas faz quase três décadas que, no meu exercício como psicoterapeuta, tive a sorte de ter mestres que me ajudaram a incluir o olhar sobre o corporal, sobretudo a partir do psicodramático. Anos depois, com minha entrada no mundo das empresas, ingressei também nas pessoas, no mundo e no "corpo" das organizações. Foi aí que percebi que o *coaching* era uma extraordinária ferramenta/processo de aprendizagem, que sem ser um processo psicoterapêutico tornava possível a expansão de possibilidades de ação.

Na aprendizagem, na investigação e na aplicação do *coaching*, incorporei e adaptei em uma síntese integradora o aporte de outras disciplinas e técnicas: psicodrama, contos, jogos, atividades expressivas e, é claro, diferentes concepções acerca do corporal.

Esta introdução esclarecedora é válida porque muitas das minhas afirmações e exemplos deste capítulo são produto do campo da psicoterapia e se verteram, adaptadas, sobre o campo do *coaching*. Que o *coach* seja, além de tudo, psicoterapeuta; é um enorme valor agregado que possibilita fazer distinções enriquecedoras, mas é de se destacar que – a fim de honrar e respeitar cada uma dessas práticas – cada uma tem seu próprio espaço de ação, sua teoria, sua prática e sua ética.

Então, em algo que escrevi no passado[24], eu dizia: O corpo tem memória. Trabalhando sobre o mesmo, posso acessar o inconsciente gravado nele, chegando a destravar couraça e rigidez que influenciam e condicionam o agir e a personalidade do sujeito. Operando sobre o corpo, posso mobilizar associações, e estas, por sua vez, podem destravar em um movimento dialético. Posso ler o corpo do outro (hoje eu diria posso escutar, posso interpretar) e posso ler meu próprio corpo; quase como uma comunicação de inconsciente a inconsciente, posso ler meu próprio corpo a partir do corpo do outro e ler o meu corpo a partir do corpo do outro.

Em uma sessão com Gabriel, observava-o respirar dando-me conta de que por momentos seu peito inflava e em outros – demorados instantes –, permanecia como em câmera lenta. Eu também estava sentindo em *meu* corpo, *com* meu corpo. Precisei acentuar minha respiração e internamente esbocei uma hipótese: Gabriel vive como respira; parece metade vivo e metade morto. Checando, transmiti a ele essa sensação (incluí o que estava *nos* acontecendo nesse corpo a corpo) e ele, assombrado, afirmou que nesse momento estava pensando na morte e em sua asma infantil, mas que não sabia como formular. Isso possibilitou um trabalho posterior (psicodramático), no qual enfrentamos as suas partes (metades) vivas e mortas, fortes e fracas.

[24] Leonardo Wolk. Cuerpo-mente, una concepción integradora. *Revista Argentina de Psicodrama y técnicas grupales*, SAP, nº 1, Buenos Aires, 1986.

"Por que esperar mais tempo para que me digam com a palavra o que *já* estão dizendo-me com gestos? Trata-se de não coisificar o outro, não tomá-lo como um objeto, mas sim vê-lo como uma totalidade e incluir a mim mesmo nesse processo de dois (ou de muitos). Eu também sinto coisas. Meu corpo registra, decodifica, compreende, expressa, participa."

Hoje, nos meus escritos atuais, com aprendizagens, atualizações a adaptações, afirmo: Pensamento, reflexão e palavra são instrumentos básicos de teorias, métodos e concepções desenvolvidos em culturas que, como a nossa, lamentavelmente ainda acentuam de múltiplas maneiras o lógico, o discursivo e a coisificação das relações interpessoais. Quero ser claro; não se trata de depreciar a palavra, a linguagem verbal, que faz parte da essência do ser humano. Digo que existem outras linguagens que atualizam, enriquecem e vivificam a comunicação e a interação. Digo que o corpo também é palavra. Parafraseando Blaise Pascal, poderíamos dizer que o corpo tem razões que a própria razão desconhece. O corpo tem sua linguagem e também é predisposição para a ação. Trata-se, enfim, de atualizar e enriquecer a teoria e a prática do *coaching* com o aporte proveniente de outras vertentes.

Já falamos da importância da linguagem. Dissemos que os seres humanos são seres lingüísticos, que a linguagem é geradora (geramos distinções, mundos de sentidos, realidades) e que, através dela, coordenamos ações. Mas pecaríamos por reducionismo se não reconhecêssemos o ser humano também como um ser corporal, emocional, energético, espiritual. A partir de um ponto de vista sistemático, podemos afirmar que o ser é um, e que todos esses são aspectos a partir dos quais ele se expressa. Existe uma linguagem verbal, outra corporal e também uma linguagem emocional.

Toda ação e/ou interação gera dinâmicas fisiológicas. A capacidade de ação depende não apenas de nossas reflexões, processos mentais ou de raciocínio, requer também uma disposição corporal, energética e emocional.

Falamos muito da escuta efetiva. Nesse sentido, agregamos agora que também temos necessidades orgânicas que deveríamos aprender a escutar. Lamentavelmente, muitas vezes fazemos ouvidos moucos, postergando o desconhecimento da linguagem corporal, no qual também se imprimem registros emocionais. Existem sensações corporais que se correspondem com estímulos emocionais. Perante a uma determinada situação, por exemplo, um confrontamento com outra pessoa, será gerada não apenas uma dinâmica fisiológica expressa com aumento da pulsação e ritmo respiratório, tensão muscular etc., mas também a emoção emergente – quem sabe medo – ficará impressa em um corpo que a armazena. Essa "impressão emocional" irá conter, então, uma lembrança ligada a si. O que quero dizer com isso? Que o corpo tem memória. Uma memória que podemos acessar não só através de palavras faladas, mas também da linguagem corporal.

A partir da minha experiência, afirmo que é evidente, maravilhoso e incrível como a partir de algo postural ou gestual, ou de um trabalho expressivo, ou através da massagem, ou da mobilização e da energização de determinadas zonas corporais, surgem lembranças, imagens e associações vinculadas direta ou indiretamente entre si.

Assim como na terapia, também no *coaching* a corporalidade está sempre presente. O corpo do *coach* – não apenas do *coachee* – está incluído e comprometido no processo. Como expressei no exemplo de Gabriel, também o corpo do *coach* é um corpo presente. Deve saber e poder escutar e deve saber e poder falar e ser escutado. *Entre* ambos, estabelece-se um campo no qual ressoamos e consonamos mútua e conjuntamente. Os corpos se incluem e se envolvem não apenas no movimento, mas também na sensação, nas imagens, na intuição. O discurso, a narrativa do *coachee*, ressoa também no corpo do *coach*.

Nossos corpos constituem um contexto (também *com-texto*) consonante, vivenciado, não-falado, sem palavras, mas nem por isso mudo, mas sim como um código particular, cifrado em um vínculo e uma trama histórica que lhe dá um vocabulário específico, em que a palavra falada – fonema – tem um lugar próprio, valorizado, cumprindo além disso uma função integradora. Existem palavras-fonemas e palavras-gestos. Existem "silêncios" verbais profundamente expressivos (silêncio elaborativo, depressivo, resistencial etc.) e existem "silêncios corporais" (rigidez, couraças) sobre os quais é necessário aprender a indagar, porque também dizem. O inconsciente, nossa história e a vida são gravados não apenas psiquicamente; também existem inconsciente e história na corporalidade que se expressa através de palavra e de silêncio, de gesto e de não-gesto, de movimento e de imobilidade, da couraça, da contratura etc. A palavra é corpo, o corpo é palavra e, além disso, um significante que pode ser significado pela palavra. No *coaching*, não apenas é importante, mas, trocando em miúdos, também imprescindível trabalhar com a corporalidade.

A ação e a linguagem estão muito condicionadas pela corporalidade (e também pela emocionalidade). Existe uma corporalidade da depressão, do medo, da alegria etc.; a emoção em particular, a partir do corpo que a acompanha, condiciona o agir e condiciona também a resposta que damos diante das circunstâncias da vida. Exemplo: se alguém se sente deprimido, é bem provável que seus ombros se curvem, seus braços caiam e seu peito se feche; então, haverá uma ação quase nula, ou se projetará carregada de infelicidade. Da mesma forma, serão diferentes a corporalidade e a ação de uma equipe, estando ou não motivada ou entusiasmada com um projeto.

O corpo também é a história dessa peça artesanal que é cada *coachee* (ou cada paciente). Corpo que é parte estruturada e estruturante dessa unidade que é o ser humano. Corpo não apenas como via de acesso da palavra, mas sim palavra e corpo como reveladores do imaginário.

Aproximações para uma Leitura da Linguagem Corporal

Nos anos 1980, sendo eu já psicoterapeuta, comecei minha formação como instrutor em técnicas corporais. Tive o privilégio de contar com mestres como Susana Milderman, Maria Adela Palcos, Susana Estela, Hugo Ardiles e Theda Basso, que tiveram a enorme paciência de lidar com um "cientificista", como o que eu era naquela época, e transmitir-me suas sabedorias.

Foi um primeiro encontro com Theda que me assombrou. Lembrome de mim parado na sua frente, que, sem dizer uma palavra, girava ao meu redor observando-me. Eu – que estava atravessando uma crise pessoal – contava-lhe que me sentia bloqueado, que não podia expressar minha dor. Logo nos sentamos, e, como se já tivesse adivinhado, começou a me contar minha história. Não era adivinhação, ela pôde ler no meu corpo os sinais de uma vida. Eu, maravilhado, descobri que havia uma linguagem corporal que se podia decifrar. Depois de conversar um tempo, ela pediu que eu me deitasse no chão e apoiou suas mãos no meu peito, pedindo-me que acompanhasse com uma determinada respiração. Foi mágico. Instantes depois, meu coração se abriu em um pranto que ainda hoje lembro que foi maravilhoso. Foi como uma cerimônia de cura com a qual comecei meu próprio aprendizado.

Desse caminho que ainda percorro, e dos ensinamentos que tive de todos eles, são as seguintes – breves e esquemáticas – aproximações à linguagem corporal[25]: a pessoa é uma unidade e também um sistema. A ação ou a mudança em uma de suas partes afeta todo o conjunto.

Segundo a yoga tradicional, os seres humanos possuem sete corpos que se interpenetram e se inter-relacionam, constituindo a unidade da qual falamos. São eles: corpo orgânico, energético, emocional, afetivo, intelectual, mental e espirtual.

Por isso mesmo, temos diferentes níveis de expressão: os órgãos, os centros de energia, a vida emocional, os afetos, o intelecto, a mente e o espírito.

Dissemos que o ser humano é um ser energético que constantemente toma, dá e transforma energia, imerso também em um universo energético. As pessoas se manifestam através de uma plástica. Essa é uma atitude, um modo de estar e de relacionar-se apoiado em um corpo que implica um modo de respirar, de perceber, de sentir, de responder etc. Essa plástica (existe uma enorme quantidade de plásticas possíveis), que possui travas e couraças, pode ser observada. É como uma linguagem que pode ser lida em sua expressão.

Os encarregados de organizar funcionalmente as energias são os chamados *centros de energia*. Distribuídos e localizados em diferentes zonas do corpo, estão intimamente relacionados e em ação conjunta e simultânea. De acordo com a pessoa e o momento, existe a preponderância de um sobre os outros, que às vezes se interferem. Por exemplo, este cientificista que vos escreve, que ainda tem muito o que aprender, reconhece que o centro intelectual, de excessiva paixão com as idéias, muitas vezes interfere impedindo a expressão aberta dos outros centros.

[25] Alguns conceitos foram tomados de Hugo Ardiles. *La energía en mi cuerpo*. Grupo Editorial Agedit, Buenos Aires, 1989.

Os Sete Centros de Energia

1. *Centro raiz:* está relacionado com o centro da Terra, a força da gravidade que nos traz para baixo, e à qual nos opomos "sustentando-nos com nossas pernas". As pernas são o representante físico desse centro. Representam no corpo a geração de energia que produz e mantém a vida, como se elas se prolongassem em raízes que nos firmam sobre a Terra. São a expressão de nossa força com a qual nos paramos e vivemos e da energia que possuímos frente ao mundo. Podemos dizer que caminhamos de acordo com como estamos inseridos no mundo.

2. *Centro lombossacral:* compreende a coluna lombossacral, o quadril, a pélvis e o arco do pé. Ligado à sexualidade, ainda que na yoga seja atribuída a ela a função de distribuição de todas as energias do corpo (em termos futebolísticos, seria o jogador que veste a camisa 5), em particular a sexual. Como escutei dizer Hugo Ardiles, não existe repressão sexual, existe, sim, repressão da energia (relacionado com uma cultura repressora e antepassados reprimidos). A retenção de energia em uma zona é uma defesa diante de situações temidas, que fica guardada na musculatura de nosso corpo como memória e história da nossa vida.

3. *Centro médio:* compreende a parte superior do abdômen e a coluna dorsal. Muito vinculado com o corpo emocional. Por sua posição, é um centro relacionado com os órgãos (estômago, fígado, pâncreas e cólon) muito influenciados pela psique e/ou pela vida emocional. No centro médio, dominam as emoções sobre os afetos. Estamos mais centrados em nossas necessidades. O mais importante sou eu. Não acontece o mesmo com o centro cardíaco, em que o que importa é o outro como alguém diferente e independente de mim. Ao mesmo tempo reconheço, eu mesmo como diferente e independente.

4. *Centro cardíaco:* é o centro da vida afetiva. É a zona pela qual expressamos amor; corresponde ao tórax, à coluna dorsal superior e ao seu prolongamento pelos braços e pela palma das mãos. Simbolicamente, poderia ser representado com a imagem de Jesus e

seus braços abertos, ou uma mãe estendendo os braços em busca do filho para abraçá-lo. Mas não se refere somente ao amor, mas também a qualquer tipo de relação que se tenha com os demais. Ao dizer vida afetiva, referimo-nos à vida de relação, com os demais, com o mundo. Com seres livres, independentes, escolhemos reunirmo-nos, gerando o encontro.

5. *Centro laríngeo:* é o representante físico da vida intelectual. Compreende pescoço, rosto, orelhas, olhos (até as sobrancelhas), ombros e dedos (no centro cardíaco, falamos apenas das palmas). Como se pode notar, abarca os órgãos dos sentidos que são, por sua vez, meios de comunicação e expressão. Nesse centro, estão as portas de entrada para a aprendizagem e os instrumentos para a técnica. É um instrumento para conhecer o mundo, aprender e comunicar, mas é também um centro de controle. Nesse sentido, é interessante que sua localização corporal seja entre o centro do amor, ou afetivo e o centro frontal, ou da mente superior (inteligência). É como um interruptor que, ligando ou desligando, controla e filtra as energias que vêm dos quatro centros de baixo (instinto, emoções, afetos) para que não interfiram com as energias que vêm dos superiores (pensamento, intuição).

6. *Centro frontal:* corporalmente, relaciona-se com a base do crânio, com o tronco cerebral e com o cerebelo. Sua função é dirigir os demais centros, mas não controlando como o laríngeo, e sim coordenando ações para deixar que cada um faça o melhor que sabe fazer. É como um observador que tem uma visão da situação, marcando a oportunidade para cada função (é interessante destacar que a hipófise – localizada nesse centro – é a diretora de todas as demais glândulas do corpo). A função desse centro é a da criação mental e da direção voluntária da energia.

7. *Centro coronário:* localizado na parte superior da cabeça, como uma janela no alto da cabeça, tem relação com a vida espiritual, nível ao qual pertencem as manifestações mais superiores do ser.

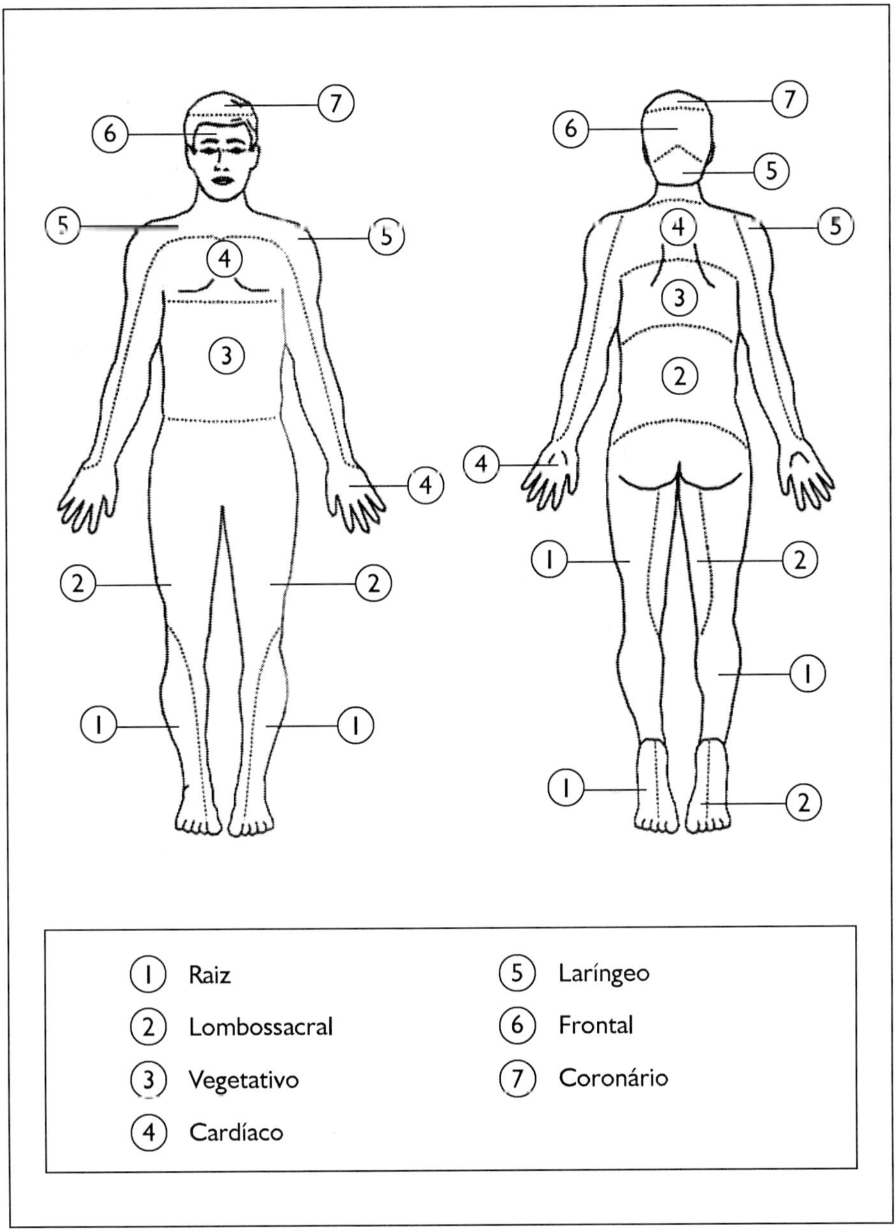

Figura 6
Os Sete Centros de Energia

COACHING E O DOMÍNIO CORPORAL

Em algum outro lugar deste texto, eu dizia que as aprendizagens e o desenvolvimento de competências e de habilidades permitem fazer distinções. Um médico poderá observar no meu organismo aspectos que eu desconheço, assim como um mecânico poderá fazer distinções no motor do meu carro, questão para a qual me declaro incompetente absoluto.

É nesse sentido que mencionamos a importância do domínio do corporal no processo de *coaching*. Um *coach* que tenha o conhecimento e a habilidade da leitura corporal terá o seu olhar e o seu trabalho enormemente enriquecidos. Na minha experiência, muitos processos deram uma volta formidável quando – em um contexto adequado – pude ter com os meus *coachees* uma aproximação corporal. Lembro o caso de uma pessoa que estufava o peito como se fosse fisiculturista (centro cardíaco). Do abdômen para cima, parecia inflada, mas suas pernas pareciam separadas do chão. Bastava observar seu modo de ficar parada ou de caminhar para se imaginar uma enorme fragilidade. Caminhava como se estivesse pendurada por um cabide. Somos ensinados a estufar o peito diante da adversidade, a sermos fortes. Muitas vezes, isso tem o efeito colateral de endurecer nosso coração ou não estarmos bem enraizados.

Também vi gerentes com tensões na garganta (centro laríngeo) que não eram mais que a expressão de estarem agüentando realidades que não os satisfaziam; ou pessoas com pernas muito grossas (centro raiz), mas rígidas. Diante da falta de flexibilidade, a rigidez permitia que pudessem quebrar mais facilmente, e a força acabava sendo inútil. Também há quem sofra de úlcera, como conseqüência de emoções não expressas, alojadas no centro médio, ao passo que outras trabalham muito seu centro coronário e que são muito espirituais, mas cometem erros enormes em suas tarefas ou no prático, ao não compreenderem que o ser humano é uma totalidade e que não basta a conexão com os céus se a ela não se assenta com conhecimentos sobre a Terra.

Entendo que toda atividade corporal, expressiva, criativa, pode ser terapêutica. Muito simples e esquematicamente, por exemplo, ir ao clube ou jogar tênis pode fazer-nos sentir bem, então essas tarefas se realizam dentro de um contexto e com objetivos determinados. São úteis, nos dão prazer, vigor, nos permitem "descarregar". Dessa mesma forma, atuam algumas aulas de ginástica expressiva. Mas, sem um trabalho de conscientização, servem apenas para gerar um círculo de "aumentar a cotidianidade e realimentá-la".

Assim, posso recomendar a um *coachee* que faça aulas de ginástica ou artes marciais, porque lhe fará bem (é valioso em um contexto e com um objetivo determinado, mesmo que não conscientize o emocional ou o espiritual). Mas também posso incluir o trabalho corporal dentro do enquadramento e do contexto do *coaching* e com outro objetivo.

O contexto de colaborar na tomada de consciência do seu corpo, de conscientizá-lo, estruturando-o para perceber como as emoções e as experiências que formam suas personalidades afetam também a formação e a estruturação de músculos e tecidos, de ajudá-lo a destravar durezas e que a energia flua livremente, de ligar interruptores que possibilitem o surgimento de associações, emoções, lembranças e repressões armazenadas no corpo e que condicionam também o observador que é e sua maneira particular de enfrentar o mundo e suas circunstâncias.

A partir do meu ponto de vista, trata-se de mobilizar e destravar tomando consciência, dando à tarefa um espaço de continência e elaboração. Ou seja, uma elaboração posterior daquilo que surge do trabalho corporal.

Vale como exemplo o seguinte relato de um fragmento de uma sessão em grupo, que trabalhava com técnicas dramáticas e corporais (ver Capítulo VIII sobre *Coaching* e Psicodrama).

O grupo começa com um trabalho de movimento e expressão com música. Um dos integrantes coordena e os demais seguem seus movimentos. Essa coordenação é alternativamente "passada" de uns aos outros (em um grupo misto de oito pessoas, quatro homens e quatro mulheres).

Curiosamente – depois eu assinalaria –, a coordenação era transmitida somente entre os homens. Jorge, um dos participantes, faz um trabalho expressivo e emotivo que eu acredito que tenha a ver com a dor. Escolho, então, uma música triste, pedindo a Jorge que, além do movimento, junte sons e/ou palavras. Ele faz apenas gestos mudos. Tenta, mas não consegue. Finalmente, expressa um som gutural muito débil. É, então, que uma companheira, Alícia, dá um grito forte e chora. O resto do grupo se desconcentra, mas, em vez de interromper, peço que os homens sigam o movimento de Jorge e as mulheres, o de Alícia. E se dá uma aproximação corporal por subgrupos. Jorge começa a grunhir; parece uma cena de homens primitivos com uma linguagem pré-verbal. As mulheres, arrulhando, como uma canção de ninar. Rita tinha ficado com o grupo de homens, eu a separei de lá, mas ela não se uniu com as mulheres. Ficou sozinha, seguindo de fora os movimentos de Jorge. Pouco a pouco, o trabalho vai terminando naturalmente e voltamos a nos juntar todos para um trabalho de comentários e elaboração verbal e/ou psicodramática.

Entre muitas outras coisas, surgiram as seguintes elaborações:

Alícia – quase como em uma dupla psicodramática – agiu na emoção que Jorge não conseguia. Colocou a dor em sons (o que possibilitou que Jorge também pudesse fazê-lo mais tarde). E o associou em seguida à invalidez do pai, já que os gestos eram iguais ao de seu pai até que recuperou a fala.

Rita, que manifestamente dizia que tinha ficado com os homens porque se conectava mais com essa emoção que com a expressa pelas mulheres, logo tomou consciência de que sua reação responde a uma velha atitude defensiva que pertence a ela: cobrir a dor (grupo de mulheres) com a força (o que expressavam os homens).

Com Jorge, elaboramos psicodramaticamente cenas infantis e adolescentes que tinham a ver com um problema de prognação dele pelo qual teve a mandíbula operada.

Além de outras elaborações, essa sessão possibilitou em outro momento trabalhar sobre o masculino e o feminino; o aspecto feminino nos homens e vice-versa.

Antes, dizia-se que, às vezes – na maior parte das vezes –, requer-se a interpretação, e outras não. E, nesse aspecto, a palavra ocupa um lugar privilegiado.

A esse respeito, lembro-me agora de uma experiência pessoal: fui ao meu grupo de aprendizagem de trabalho corporal, desanimado e preocupado por um trabalho (escrito) que eu não conseguia fazer como desejava e no qual não conseguia colocar libido suficiente. Nessa aula, centramo-nos particularmente em um trabalho a partir do cóccix (centro raiz e lombossacral) e da boca (centro laríngeo). De cara, quase sem querer, éramos todos animais. Animais – cada um de nós se identificava com um diferente – em seu meio, comendo, brigando, descansando etc. Surgiram macacos, águias e outros. Eu era um touro; não qualquer touro, mas sim um de touradas* e, além disso, estava todo machucado; não brigava com quem me enfrentava porque sentia que essa não era minha briga; e também estava ferido, cansado. Pude dar-me conta, quase sem necessidade de uma elaboração posterior, que essa identificação tinha a ver com uma circunstância de vida pessoal que eu estava atravessando naquele momento; que (além de ser astrologicamente de Touro e de minha mãe se chamar Lídia) eu estava triste e ferido; que precisava um tempo para curar minhas feridas e para voltar a brigar e a pôr energia em outros interesses (por exemplo, escrever).

Assim como em algumas dramatizações (elaborativas), a cena é bastante eloqüente e dispensa a interpretação verbal; nesse exemplo, partindo de um trabalho corporal, também não foi preciso fazê-lo.

Nem sempre é assim. Tanto em sessões individuais como em grupo, muitas vezes trabalha-se apenas verbalmente. Em outras, a palavra se faz necessária e imprescindível na conceitualização do que foi mobilizado por outros meios (cenas psicodramáticas, trabalho com máscaras, com pinturas etc.).

*N.T.: O autor utiliza a palavra lídia para denominar tourada.

CAPÍTULO VII
A Linguagem das Emoções

"Nós, os seres humanos em um sentido estrito,
surgimos do amor...
dependemos do amor e adoecemos
quando este nos é negado em qualquer momento da vida."
Humberto Maturana[26]

Estudos sobre as culturas primitivas garantem que quando uma pessoa se sentia atacada por alguma dor recorria à presença do bruxo, xamã ou feiticeiro (quem sabe uma antiga versão do contemporâneo coach*). Entre as primeiras perguntas, este indagava ao consultante o seguinte: "Quem não gostou de você hoje?"*

Certo dia, um dos meus filhos, sendo criança, tinha dores de barriga. Contei a ele que os índios curavam as dores esfregando as mãos, apoiando-as na parte dolorida. Ele aceitou o meu convite para tentar e assim o fiz, comprovando "milagrosamente" que isso diminuía seu sofrimento. Não sei se o que eu lhe contei naquela ocasião tinha inventado ou realmente lido; o que sei com certeza é que o fiz com um profundo amor por ele.

Corroborando essa história, a antropologia nos diz que o poder do feiticeiro não estava tanto no poder de efetuar "bruxarias", mas sim na crença que nele tinham todos os membros de sua comunidade.

[26] Introducción a *El Cáliz y la Spada*, de Riane Eisler, Editorial Cuatro Vientos, Santiago de Chile, 1990, p. xv.

O poder do *coaching* se aplica também no vínculo. O que guia o *coaching* não são só teoria e técnica, mas também a relação. *Coaching* é um processo baseado no amor, como o substrato no qual se assentam as múltiplas emoções.

Se até aqui falamos da linguagem verbal e do próprio corpo como linguagem, enfocaremos agora as emoções, também como uma linguagem que se precisa aprender a escutar ou como sinais que se precisa aprender a interpretar.

"Nossos sentimentos são um sexto sentido; o sentido que interpreta, ordena, dirige e resume os outros cinco. Os sentimentos nos dizem se o que experimentamos é ameaçador, doloroso, lamentável, triste ou regozijante... conformam toda uma linguagem própria."[27]

Existe uma emoção que tem a ver com a relação e a interação com o *coach*. Gerar o contexto para a expressão emocional é tarefa do *coach* e sobre ela se assenta também a confiança. Eu me atreveria a expressar que o êxito de alguns *coachees* se baseia muitas vezes na emocionalidade do vínculo *coach-coachee*. Na sessão de *coaching*, a pessoa vem acompanhada por suas emoções, e fazer *coaching* implica atrever-se a se expor. Em nossa cultura, fomos educados durante muito tempo para não demonstrarmos nossas emoções. Fazê-lo era entendido como debilidade e se expor ao olhar ou à crítica do outro, com o risco de perder o valor, o respeito e o amor desse outro. Por isso, a importância do contexto de confiança.

As emoções constituem um domínio sempre presente em toda ação humana. A crise do *coachee* e a brecha a se diminuir estão atravessadas por emoções. As situações relatadas pelo *coachee* e que para ele se constituem em problemáticas, são situações emocionais, e sua resolução irá implicar incluir a emocionalidade. Algumas emoções aparecem muito manifestas e outras são mais latentes. Muitas vezes, a emoção é claramente reconhecível e, em outras, aparece negada, ou manifestando-se como sensação. Em muitas oportunidades, um *coaching* acaba se iniciando a partir de uma emoção. O *coachee* sente algo que lhe acontece, tem alguma vaga idéia do que é, mas não consegue precisar com clareza nem vinculá-la com um tema determinado, mas a emocionalidade que o paralisa é muito definida (várias vezes, comecei um *coaching* em que o

[27] David Viscott. *El lenguaje de los sentimientos*. Emecé Editores, Buenos Aires, 1997, p. 11.

coachee declarava: "Não sei o que se passa comigo, mas me sinto...". Essa emoção, então, é via de acesso a uma – às vezes árdua, mas sempre apaixonante – exploração que nos guiará a uma posterior compreensão e interpretação.

Existem também emoções que encobrem outras: por exemplo, a tristeza encobrindo a raiva e vice-versa. Essa emoção é importante porque terá a ver com a interpretação que se faça da situação.

No caso do *coaching* que desenvolvemos anteriormente, a raiva era muito manifesta, a partir do ponto de vista do qual se situava o *coachee*. Avançando no processo, pôde perceber que essa emoção na realidade encobria também a enorme tristeza que o paralisava.

Por que duas ou mais pessoas podem sentir de maneiras diferentes uma mesma situação? Porque vivemos em mundos interpretativos e, de acordo com o sentido que damos a uma situação, teremos uma emoção resultante. Mas isso não fica por aí, acontece que entramos em um círculo vicioso no qual essa emoção resultante contaminará nossa maneira de ser e estar no mundo. Irá operar como um filtro sobre nossa visão de mundo e atingirá dessa emoção nossa observação e também as ações que dela derivem como conseqüência. A emoção determina a interpretação e vice-versa.

"Os sentimentos são nossa reação frente ao que percebemos e por sua vez tingem e definem nossa percepção do mundo(...) são a forma pela qual nos percebemos (...) são a forma pela qual sentimos estar vivos."[28]

Considerações Conceituais e Pauta para a Intervenção do *Coach*

Falar de emoções é falar também de ações.

Humberto Maturana sustenta que as emoções são predisposições para a ação, e no prólogo da obra mencionada anteriormente diz: "Eu chamo conversar, aproveitando a etimologia latina desta palavra que significa dar voltas juntos, ao entrelaçamento da linguagem e o emocionar que ocorre no viver humano na linguagem".

[28] David Viscott, *op. cit.*, p. 21.

A emoção está sempre presente (ainda que nem sempre a escutemos ou a reconheçamos) e a conversação não é apenas um acontecer lingüístico. Por isso, o *coach* deverá estar atento simultaneamente à linguagem verbal, corporal e também emocional. O ser que somos é compreendido também como um sistema e, a partir dessa concepção, devemos entender que o que quer que aconteça em qualquer desses domínios afetará também os outros.

"Dada a coerência desses três domínios, cabe esperar que as transformações produzidas em um determinado domínio se traduzam em modificações nos demais (...) uma modificação emocional pode perfeitamente modificar nossos diálogos e nossa postura física." Entretanto, "(...) trocando em miúdos, mudanças em um dos três domínios não se conservam, devido à pressão de coerência que provém dos outros dois. Isso obriga a intervir simultaneamente nos três para assegurar que as transformações produzidas em um deles se encontrem com mudanças que sejam coerentes nos outros dois. Não basta, por exemplo, induzir uma mudança no tipo de diálogo que uma pessoa tem, se a emocionalidade atual é coerente com as conversas do passado. Ao não intervir-se simultaneamente na emocionalidade, a mudança nas conversas corre o perigo de não se conservar e, portanto, de ser efêmera."[29]

Assim como não posso mudar meu passado, mas posso projetar meu futuro, não posso escolher minha emoção, mas poderei escolher minha ação. Assumirei responsabilidade diante das situações (e emoções) às quais a vida me faz enfrentar. Posso sentir-me com raiva e com impulso de agredir ao me sentir magoado, mas posso escolher uma resposta diferente daquilo que impulsivamente queria fazer. Essa ação – lembremos – também define meu *ser*. Nas palavras de Goleman, tratar-se-ia de proporcionar inteligência à emoção, transformando-a em algo positivo. Não ficar refém dela, mas poder operar com ela abrindo possibilidades de ação efetiva. O processo de *coaching* – também com respeito às emoções – consistirá em que o *coachee* consiga transformar-se em um observador diferente. Aqui também se torna relevante a ação do *coach*. A partir de que lugar escutará e operará o *coach* ao indagar em um universo emocional? Serão de importância as pautas a seguir.

---

[29] Rafael Echeverría, *Ontología del lenguaje*, Edic. Dolmen, Santiago de Chile, 1995, p. 254.

1. Reconhecer a Emoção

Como psicólogo hospitalar, em que tive enormes aprendizagens, não só profissionais, mas também de vida, aprendi que nomear as coisas ajudava muitíssimo a reduzir as ansiedades. Na sala de espera, era freqüente a presença de familiares que perguntavam pelo estado do paciente. Se o atendente respondia "não sabemos ainda, estamos investigando etc.", incrementava o nível de angústia dos consultantes. Se, ao contrário disso, a resposta era "tem x coisa e estamos dando a atenção correspondente", ainda que o nome da "coisa" fosse incompreensível, reduzia-se a ansiedade. Era algo que tinha nome, era reconhecível, e podia ser enfrentada, podia-se agir diante dela.

O mesmo acontece em relação às emoções. O *coachee* relata um sucesso ou acontecimento no qual quer focar o *coaching*. Às vezes, nem sequer traz o evento ocorrido, mas traz uma emoção ("não sei o que se passa comigo..." "me sinto..."). A princípio, tentamos definir qual é a emoção que sente perante o evento ou a situação relatada. O *coachee* se transforma em observador de sua emoção, até que possa nomeá-la ("diante disso, eu sinto...").

O papel do *coach* será escutar e indagar respeitosamente ajudando o outro a expressar-se, tomando o cuidado de não rotular de maneira imediata. Observei muitos aspirantes a *coach* que não conseguiram manejar sua própria ansiedade "diagnosticando" rapidamente uma emoção. Muitas vezes, esses rótulos estão baseados em rapidíssimas inferências, baseadas em mínimas evidências. Não está errado fazer inferências. O errôneo seria transformá-las em fato sem checá-las com o outro. Por exemplo, o *coach* observa que o seu interlocutor está cabisbaixo, de braços caídos, desanimado e pouco expressivo. Seria um erro dizer-lhe "acho você deprimido". Essa atitude encerraria a possibilidade de expressão e poderia orientar de forma errônea o processo de *coaching*. Uma intervenção mais adequada seria devolver ao *coachee* as observações corporais que vê, como "acho você cabisbaixo; diferente de outras oportunidades, seus comentários são mínimos, e está voltado sobre si mesmo... tenho a impressão de que algo se passa, ou de que algo o preocupa... é isso? Gostaria de conversar sobre isso?." O *coach* deverá sempre checar suas inferências.

Quanto mais competência desenvolva na linguagem emocional ou corporal, maiores serão suas habilidades para fazer distinções. Ou seja, maiores serão as possibilidades de ação.

2. ACEITAR A EMOÇÃO

Não escolhemos a emoção. Assim como acontece com a coluna esquerda, ela aparece, e ocupa espaço e energia pessoal. Essa emoção "aparece" disparada por algum evento ou situação, seja de bem-estar (por exemplo, alegria) ou mal-estar (tristeza) e diante da qual sentimos prazer ou desprazer.

A partir do ponto de vista do *coachee*, trata-se de aceitar a emoção sem julgar, sem fazer juízo. Compreender que as pessoas não escolhem sentir o que estão sentindo. Dessa forma, evitamos agregar mal-estar ao sofrimento; não me sentir mal por me sentir mal; em uma briga, não me sentir mal por não poder chorar.

Dessa forma, a pergunta será: o que eu vou fazer com essa emoção? A ação – como responsabilidade – é ela, sim, uma escolha. Ter a tentação de fazer algo é diferente de fazê-lo. A tentação "aparece"; fazer ou não é uma escolha.

No papel de *coach*, insistimos na consideração conceitual de que essa emoção é particular do tipo de observadora que cada pessoa é. A emoção será resultante de uma interpretação pessoal do sujeito. Nesse sentido, dizemos que as emoções são indiscutíveis. Respeitar a legitimidade do outro é aceitar e respeitar sua emoção como legítima, ainda que nós – a partir da escuta – sintamos algo diferente. Trata-se de aceitar a emoção do outro sem julgar ou criticar, mas – como veremos mais adiante – analisar criticamente a opinião. É aceitar de modo incondicional a emoção, para, então, indagar sobre as razões, nos pensamentos e nas opiniões.

Parafraseando palavras de Talmud, "não veremos o mundo como ele é, mas sim como nós somos", poderíamos dizer: "Não nos emocionamos como queremos, mas sim de acordo com a interpretação que fazemos". Recordemos que nossos julgamentos falam mais de nós que do mundo. São nossas interpretações acerca do mundo.

3. Indagar e Investigar as Razões

Toda emoção tem por trás uma história que está ligada a ela. Estávamos dizendo antes que "aparece", mas como conseqüência de um evento – interno (uma sensação, uma lembrança) ou externo (agressão, carícia) – que a dispara. Já o filósofo Blaise Pascal dizia: "O coração tem razões que a própria razão desconhece". Contrariando bastante esse dizer, afirmamos que por trás de cada emoção existe uma história. Entre ambas, produz-se um tipo particular de relação circular. Às vezes, é a história que gera um estado emocional, mas também acontece que esse estado gera uma história. Funciona como um filtro que tinge o olhar que o observador tem do mundo. Também interpretamos o mundo a partir da emocionalidade que temos. Por isso, torna-se relevante aceitar de maneira incondicional a emoção, mas revê la criticamente.

Se supormos que nossos juízos do mundo correspondem realmente a como o mundo é, fechamos possibilidades de produzir estados de ânimos diferentes. O que quero dizer com rever criticamente? Investigar junto ao *coachee* a validade de suas opiniões, os dados que a fundamentam, seus padrões, distinguir fatos de julgamentos, quais são seus desejos e preocupações etc. Trata-se de ajudar o *coachee* mediante a indagação, a corrigir distorções – se elas existirem – e erros interpretativos, assim como apropriar-se de suas opiniões. Dessa forma, irá transformar-se em um observador diferente, abrindo possibilidades de ação e/ou gerando novas respostas onde antes não existiam.

O repertório de emoções é amplo e, a seguir, apresentaremos um repertório de emoções básicas com perguntas que facilitarão a indagação do *coach* e guiarão a investigação do *coachee*. Iremos apresentá-las como guia, já que não se esgotam. O *coach* saberá adaptá-las ao seu modo coloquial e pessoal.

Perguntas-gula

Medo

Geralmente, a história por trás está associada com algo ruim que poderia acontecer; algo querido está em risco, a perder alguma coisa ou alguém que se quer muito constitui-se em uma ameaça de fechamento de possibilidades.

O que assusta você nessa situação? O que lhe dá medo? O que poderia acontecer? Que coisa ou situação valiosa você sente ou pensa que está em risco? Quais são as condições que o fazem pensar que isso aconteça? Já aconteceu algo parecido antes com você? Como essa situação se resolveu? Quais foram as conseqüências disso? O que você poderia fazer para evitar que isso que é temido aconteça? Que ações poderia desenvolver para minimizar o impacto se isso acontecesse?

Raiva

A maioria das vezes, a história relacionada se refere a algo ruim que aconteceu e não deveria ter acontecido. Existe um limite ou um padrão que a critério do observador foi transgredido. Muitas vezes, por baixo da raiva encontramos tristeza.

O que aconteceu? Qual foi a situação? O que é que lhe dá raiva? Que prejuízos você sofreu? Qual limite foi quebrado ou transgredido? Que valor, norma ou expectativa foi quebrado? Que evidências ou dados fundamentam a sua opinião? Por que esse valor é importante para você? Como você poderia expressar produtivamente a sua raiva? De que reparação você necessita? O que teria de acontecer para recuperar seu estado de paz? Que ações poderia assumir responsavelmente para alcançá-lo?

Culpa

É a raiva consigo mesmo. Geralmente, a história por trás tem a ver com uma transgressão de seus próprios limites ou padrões que provocou conseqüências não desejadas. Vem associada a ter feito algo ruim que não deveria ter acontecido. Corporalmente, é uma emoção muito associada ao auditivo; escutamos a auto-reprovação ou a reprovação do outro. A vergonha, diferentemente, está mais associada ao visual; ficar exposto diante do olhar do outro.

Qual foi a situação? Perante a que sente isso? O que você está remoendo? Que prejuízos você causou? A quem? Que valor, norma ou limite você considera que transgrediu? Por que esse limite é importante para você? De onde vem? Onde aprendeu? Como afetou o outro? Que reparação poderia oferecer? Existe algo que o impede de fazê-lo?(Às vezes, esta última pergunta muda a orientação do coaching. *Por exemplo, se o* coachee *dissesse que é o medo que o impede de trabalhar, se trabalhará a emoção do medo. Para então, já tendo limpado esse campo, seguir aprofundando em ações possíveis para trabalhar sua culpa.) O que precisaria acontecer para você se perdoar? Que ações poderia desenvolver nesse sentido?*

Tristeza

Quase sempre, a história por trás se refere a algo ruim que aconteceu. Algo ou alguém querido se perdeu. Uma possibilidade se fechou.

Que situação o entristece? O que sente que perdeu? Que possibilidade você pensa que se encerrou? Que valor isso tinha para você? Tem possibilidade de recuperar isso? O que deveria fazer se isso fosse possível? O que ajudaria você a processar e a transcender esse estado? O que o impede?

Alegria, entusiasmo, vergonha, inveja, nostalgia, orgulho, resignação, otimismo e gratidão são apenas algumas das outras múltiplas emoções ou estados emocionais que acontecem na vida diária e, portanto, registram-se em situações de *coaching*.

Sobre a base dos modelos detalhados acima, é possível construir um conjunto de perguntas-guia que colaborarão com a orientação do processo.

4. ANALISAR AÇÕES POSSÍVEIS

Uma vez atravessadas as instâncias anteriores, o *coachee* e o *coach* terão um olhar ampliado sobre a emoção investigada, ainda que muito provavelmente se tenha uma compreensão diferente acerca dela. O simples fato de poder falar sobre a emoção possibilita uma observação distinta, e também posicionar-se em um sentimento diferente. Chegamos à compreensão mais cabal de ser a pessoa que possui a emoção, e não a emoção que a captura e mantém cativa. Estamos em condições de operar *com* a emoção, e não *a partir* da emoção.

Etimologicamente, emoção provém do latim *emovere*, ou *movere*; o que significa movimento, ação, pulsão interna que luta por sair, por expressar-se (pressionar para fora). A pergunta, então, será: O que vai fazer com isso? Que possibilidades de ação você vai dar a si mesmo, como irá operar habilmente com a emoção?

Em outras palavras, a ação seria a resposta-saída que damos às emoções. Mas essas emoções provêm de nossa maneira particular de observar o mundo e da interpretação que fazemos dessas percepções. Operar "com" a emoção não é "atuá-la" (no sentido de *acting*); também não é negá-la ou manipulá-la, muito menos deixar que ela se expresse impulsivamente. É reconhecer a liberdade e a responsabilidade de escolher a forma de agir e de tornar essa ação produtiva.

Vamos lembrar que assim como acontece com a História e a revisão histórica, podemos mudar a interpretação do passado, mas não os fatos desse passado. O que podemos, sim, é desenhar o futuro.

Segundo Daniel Goleman, poderíamos definir a inteligência emocional como a capacidade de reconhecermos nossas próprias emoções e administrá-las dentro de nós em nossas relações... é a habilidade para controlar e regular as emoções e usá-las para guiar o pensamento e a ação.[30]

Então, *coach* e *coachee* projetam possíveis ações até o próximo passo.

5. Compromisso de Ação

Definida a opção de se aprofundar nas dificuldades, obstáculos e competências para desenvolvê-las, o *desempenho de papéis* é uma excelente ferramenta para o projeto.

Lembremos que toda libido não expressada – em qualquer de suas múltiplas formas – fica incorporada e se faz tóxica. Poderíamos dizer que a emoção está à espera de uma ação e requer expressão.

Em termos (e em contextos) psicológicos ou psicoterapêuticos (nos quais se opera de outra maneira e com outras finalidades), o seguinte conceito não seria totalmente adequado, mas, em termos de *coaching* e suas finalidades, acaba sendo muito apropriado: "Quando se experimenta uma emoção válida – quer dizer, baseado em opiniões fundamentadas – se incorre em uma 'dívida emocional'. Como escreve David Viscott, para 'saldá-la', é necessário um 'pagamento' em termos de ações efetivas (...), mas, se há a recusa em pagar, relegando a emoção à inconsciên-

[30] *La inteligencia emocional*. Javier Vergara Editor, Buenos Aires, 1996.

cia, a dívida começa a acumular juros, e se a mesma excede um certo nível, a pessoa acaba por cair na 'crise' emocional (...). Cada emoção tem uma demanda específica; ao evitar o desafio, a emoção se estanca. Ao resolver saudavelmente o desafio, a emoção flui e possibilita recuperar um estado de paz interior."[31]

Ao assumir responsabilidade diante das nossas emoções, também estamos responsabilizando-nos perante o mundo.

Por último, quero agregar duas sugestões mais para a "escuta" do *coach* em relação ao tema do manejo emocional. Referem-se a "armadilhas" nas quais é possível cair ou "distorções" que devemos considerar.

a. Ambigüidade da palavra "sentimento"

Com freqüência, escuto em minhas consultas – tanto de pacientes quanto de *coachees* – uma confusão ao falar do "sentir". Sentir é utilizado de três maneiras: como *sensação* (sinto calor), como *pensamento* ou *reflexão*, em que depois do sinto... geralmente vem uma opinião (sinto que você não gosta de mim) e como emoção propriamente dita (sinto tristeza).

Como essa confusão é freqüente no uso coloquial de nossa cultura, muitas são as vezes que advirto sobre a distorção, mas muitas vezes deixo passar, já que o conteúdo não é essencial para a conversação. No entanto, em outras oportunidades, quando considero que é relevante (e nisso é mais do que importante a escuta ativa do *coach*), assinalo-o ao meu ocasional interlocutor com uma finalidade muito precisa. Por exemplo, assinalar que o que foi dito por ele ("não gosta de mim") a respeito de outra pessoa é uma opinião, e que é útil investigá-la sobre a base de dados/fatos que a fundamentam. Esses fatos, por sua vez, possibilitarão uma transformação do observador e, portanto, de sua interpretação. Será muito diferente dizer "diante desses fatos, eu não me sinto querido" que atribuir ao outro uma emoção que pode não coincidir com a percepção que o outro tem. Outra pessoa, diante da mesma circunstância, teria outra opinião ou não colocaria em julgamento o amor do outro. Em outras palavras, aqui também estamos falando de responsabilidade e da apropriação dos julgamentos.

---

[31] David Viscott. *Emotional Resilience*. Three Rivers Press, Nueva York, 1996, citado por Fred Kofman em *Metamanagement*, Tomo III, citado, p. 114.

b. Não à chantagem emocional

Nesse caso, também reitero os esclarecimentos prévios. Existem conversas que fazem parte do modo de falar de uma cultura e se compreendem dentro de um determinado contexto. São os chamados *contextos de obviedade*. Em outras conversas, sobretudo nas do *coaching*, torna-se relevante assinalar a distinção quando o *coachee* diz, por exemplo, "meu chefe me faz sentir... (medo, raiva etc.)". Mais notável é quando uma pessoa diz à outra "você me faz sentir... (culpado)". O mais adequado seria dizer: "Quando escuto você dizer ou quando você me fala dessa maneira *sinto*... culpa", ou "fico com raiva, entristeço-me quando..."

Por que a importância de assinalar essa distinção? Porque se relaciona com o propósito de assumir a responsabilidade, de independência e de poder. Como no conto do pássaro e do mestre zen, trata-se de ajudar o *coachee* a assumir o poder que está em suas mãos, a não renunciar ou delegar esse poder a outro. Dizer não à chantagem emocional é não dar importância quando alguém nos atribui o poder de lhe provocar uma emoção, assim como o de não outorgar ao outro o poder de nos provocar algo em particular. Estritamente, o outro faz ou diz algo diante do qual sentimos alguma emoção. Ao apropriarmos da emoção, também nos apropriamos do poder de agir de forma produtiva com ela.

Insisto, a sugestão aqui é para algumas e muito específicas formas de conversa. Do contrário, correríamos o risco de amargar a existência com "purismos" inoperantes e de perder momentos maravilhosamente gratificantes como quando o outro, com muito carinho, reconhecimento e espontaneidade, nos diz: "Você me faz sentir muito feliz".

As emoções

Contam que uma vez se reuniram todos os sentimentos e qualidades do ser humano.

Quando o tédio já tinha bocejado pela terceira vez, a loucura, como sempre tão louca, lhe propôs: vamos brincar de esconde-esconde?

A intriga levantou a sobrancelha intrigada e a curiosidade, sem poder se conter, perguntou:

– De esconde-esconde... e como é isso?

– É uma brincadeira – explicou a loucura – na qual eu tapo o rosto e começo a contar até um milhão enquanto vocês se escondem. E assim que eu tenha terminado de contar, o primeiro de vocês que eu encontre irá ocupar meu lugar para continuar a brincadeira.

O entusiasmo dançou acompanhado pela euforia, a alegria deu tantos saltos que acabou por convencer a dúvida incluindo a apatia, a quem nunca interessava nada.

Mas nem todos quiseram participar... a verdade preferiu não se esconder; para quê? Se no final ela sempre era dita, e a soberba achou que era um jogo muito bobo (mas no fundo o que a incomodava era que a idéia não tivesse sido dela) e a covardia preferiu não se arriscar...

– Um, dois, três... – a loucura começou a contar.

A primeira a se esconder foi a preguiça, que, como sempre, deixou-se cair atrás da primeira pedra do caminho. A fé subiu aos céus e a inveja se escondeu por trás da sombra do triunfo, que com seu próprio esforço havia conseguido subir na copa da árvore mais alta. A generosidade quase não conseguia se esconder, cada lugar que via lhe parecia maravilhoso para algum de seus amigos...

O quê? Um lago cristalino? Ideal para a beleza.

O quê? A fenda de uma árvore? Perfeito para a timidez.

O quê? O vôo de uma mariposa? Ideal para a voluptuosidade.

O quê? A rajada do vento? Magnífico para a liberdade.

E assim a generosidade terminou por se esconder em um raiozinho de sol.

O egoísmo, ao contrário, encontrou um lugar muito bom desde o início, cômodo, ventilado... mas só para ele. A mentira se escondeu no fundo dos oceanos (mentira, na verdade se escondeu atrás do arco-íris) e a paixão e o desejo no centro dos vulcões.

O esquecimento... eu esqueci onde se escondeu... mas isso não é o importante.

Quando a loucura contava 999.999, o amor ainda não tinha encontrado um lugar para se esconder, pois todos os lugares se encontravam ocupados, até que avistou um roseiral... e enternecido decidiu esconder-se em suas flores.

– Um milhão! – contou a loucura, e começou a procurar. A primeira a aparecer foi a preguiça, a apenas três passos de uma pedra.

Depois, escutou-se a fé discutindo com Deus nos céus sobre zoologia...

A paixão e o desejo foram sentidos pelo vibrar dos vulcões. Em um descuido, encontrou a inveja e, claro, pôde deduzir onde estava o triunfo.

Nem teve de procurar o egoísmo. Ele mesmo saiu disparado de seu esconderijo, que no final acabou por ser um ninho de vespas.

De tanto caminhar, sentiu sede e, ao se aproximar do lago, descobriu a beleza.

Com a dúvida, acabou sendo mais fácil ainda, porque a encontrou sentada sobre uma cerca sem conseguir decidir de que lado se esconderia.

Assim foi encontrando todos. O talento entre a relva fresca, a angústia em uma caverna escura, a mentira atrás do arco-íris (mentira, ela estava mesmo no fundo do oceano)... e o esquecimento... que já havia esquecido que estavam brincando de esconde-esconde.

Mas o amor não aparecia em lugar nenhum.

A loucura procurou atrás de cada árvore, debaixo de cada pedregulho do planeta, em cima das montanhas... e, quando estava se dando por vencida, avistou um roseiral e as rosas... pegou uma forquilha e começou a mexer nos ramos, quando de repente se escutou um grito doloroso.

Os espinhos haviam ferido os olhos do amor; a loucura não sabia o que fazer para se desculpar. Chorou, pediu, rogou, implorou perdão e, como castigo, prometeu até ser seu guia.

Conta a lenda que desde então, desde que pela primeira vez se brincou de esconde-esconde na terra, o amor é cego... e a loucura sempre o acompanha.

Capítulo VIII

*Procedimentos e Técnicas de Ação**

Imaginemos estar diante de um cenário onde observamos o desenvolvimento de uma ação. Os personagens são um homem e uma mulher que interpretam os papéis de um casamento. A cena mostra o marido chegando atrasado ao lugar. Isso gera uma enorme raiva na mulher, já que perderam um evento que era muito importante. Ela, poderia ter ido sozinha, mas devia ou queria estar acompanhada dele. O conflito está instalado. Aparece, então, a reprovação, e não apenas com referência a essa circunstância em particular. Muitos episódios do passado se fazem presentes... (corta!)

O diretor inverte a cena, pedindo a cada um dos personagens que torne explícito, como que um monólogo interno, o que está realmente sentindo nesse momento em que desempenha esse papel. Ela provavelmente poderá dizer que se sente incompreendida, maltratada, prejudicada e magoada. Ele se sentirá exigido, argumentando que foi retido no escritório, que qualquer um podia ter-se atrasado e, quem sabe, sinta alguma culpa. Feito isso, continua a ação. Novamente, o diretor pede um corte e intervém, solicitando uma "inversão de papéis". A cena é feita desde o início novamente, mas agora é o homem que faz o papel da esposa e a esposa que faz o papel do marido. Ele, vivendo o papel da esposa irritada, irá vivenciar a importância que o evento que foi mencionado tinha para ela.

* Parte deste capítulo se baseia em um artigo da minha autoria "Estratégias para a administração", publicado na revista *Alta Gerencia*, número 2, Edições Interoceânicas, novembro, 1991.

No seu monólogo interno (ao que chamaremos de "solilóquio") e nos comentários posteriores, irá tomar consciência de seu individualismo, da sua falta de cooperação ou consideração, e das conseqüências de suas ações perante os outros etc. (corta).

Não, estimado leitor, você não se enganou de livro e não está lendo a seção de espetáculos de alguma revista. Isso, que parece ser um ensaio teatral, é na verdade o exemplo de um modo interativo de intervenção no *coaching*, com estratégias de ação. E, nesse caso, no âmbito empresarial. Vou detalhar.

O exemplo mencionado aconteceu efetivamente; em um *coaching* bipessoal numa situação de trabalho e na ação desenvolvida, foram dramatizadas duas cenas: uma que chamaremos "real", e outra que chamaremos "simbólica" (mais à frente, descreveremos a distinção entre dramatização e psicodramatização). A cena "real" aconteceu em uma empresa.

Os personagens "reais" foram o gerente de vendas e a líder de uma campanha publicitária. O cenário "real" onde aconteceu foi o escritório do gerente. O conflito "real" que deu origem à cena foi a entrega fora de prazo de um material que devia ter sido apresentado em uma reunião de diretoria, que seria realizada em data e hora precisas.

A cena "simbólica" acontece no espaço "imaginário" da sala de estar da casa de um casal. Os personagens "simbólicos" são uma mulher e seu marido. O conflito "simbólico" foi o atraso do marido e a conseqüente perda do evento.

Mas onde se desenvolveu essa intervenção? No mesmo ambiente de trabalho, no lugar onde aconteceram habitualmente as sessões de *coaching*, em um espaço que escolhemos para trabalhar intimamente com o pessoal envolvido (um escritório, uma sala ou a cozinha se fosse necessário).

O *coaching* foi finalizado ali, até porque esse foi um recurso dramático – de ação – que abriu possibilidades para que os participantes pudessem observar e observar-se a partir de outro lugar. Ser observadores diferentes que passaram a trabalhar tornando possível corrigir, reparar e/ou gerar novas respostas, para não repetir atitudes incongruentes e expandir sua capacidade de ação efetiva.

O gerente poderia ter respondido com irritação legítima e até penalizar a líder de projeto. Era uma resposta possível, dado que era um fato que se repetia diante do qual se sentia incompetente para resolver, e a líder era uma profissional competente, mas, com dificuldade de se relacionar, resolveu, então, solicitar um *coaching* antes de tomar uma decisão impulsiva.

Essa escolha, além de intervir pontualmente no conflito da relação interpessoal, possibilitou-nos detectar e diagnosticar com maior rapidez e eficácia outros conflitos latentes e conseqüências sistêmicas não desejadas para a organização e a tarefa como um todo. Entre outros:

- "Ilhas" setoriais.
- Invejas e rivalidades que ocasionavam erros e atrasos "involuntários".
- Falta de cooperação e compromisso entre as áreas.
- Cultura de comunicação inadequada com pedidos, promessas e reclamações não-efetivas.
- Alto nível de estresse etc.

Com freqüência cada vez maior, as empresas e as organizações recorrem à implementação de novos recursos e técnicas na abordagem de situações de conflito. As técnicas dramáticas foram durante muito tempo empregadas pelo psicodrama quase que com exclusividade para o campo da psicologia clínica. De forma consistente, foram ampliando seu campo de ação, englobando atualmente âmbitos como o educacional, o jurídico e, claro, o empresarial ou organizacional.

No caso que foi detalhado anteriormente, trabalhamos com uma técnica (uma entre muitas outras) denominada "cena simbólica". Deslocou-se a cena original para outra cena simbólica que contém essencialmente os mesmos elementos. Em outra situação, a figura do superior na situação original pôde ser simbolizada com a figura de um pai. Sua implementação se fundamentou na necessidade de criar uma cena imaginária que permitisse um maior compromisso emocional e que possibilitasse uma mobilização e *insight** mais rápido.

* Compreensão, conhecimento, penetração, percepção da natureza interior de uma situação.

Apesar de demonstrarmos esquematicamente (já que a finalidade deste texto não é desenvolver profundamente uma conceitualização teórica deste tema), é preciso fazer uma distinção entre *psicodrama* e *técnicas dramáticas;* estas últimas são as que se implementam durante o *coaching*.

OS PROCEDIMENTOS DRAMÁTICOS

Drama significa ação. Dramatizar é pôr em ação. Jacobo Levy Moreno (1889-1974), criador do psicodrama, definiu-o como um *método para sondar a fundo a verdade da alma através da ação*. Hoje, em um sentido mais amplo, mas não estritamente, denomina-se psicodrama toda aplicação de dramatização, mas, em um sentido mais rigoroso, podemos defini-lo como um procedimento dramático que se aplica para a compreensão das condutas humanas, dos papéis e dos vínculos.

O psicodrama é um procedimento psicoterapêutico que utiliza técnicas dramáticas como meio de exploração, comunicação, elaboração etc. A dramatização é a representação de cenas significativas para o paciente ou o participante.

O protagonista – a quem cabe proporcionar o argumento – intervém como ator e faz o seu papel como se fosse um teatro, como se se tratasse de um fato real. Não é requisito ter conhecimento de atuação, já que sua finalidade não é estética. As cenas podem fazer referência a situações do passado, presente ou futuro.

Os *procedimentos dramáticos* são principalmente: psicodrama, sociodrama, *desempenho de papéis* e os jogos dramáticos. Diferenciam-se entre si por sua finalidade e pelo papel do coordenador. Os dois primeiros – psicodrama e sociodrama – têm uma finalidade psicoterapêutica e o papel do coordenador é analisar e interpretar. O *desempenho de papéis* tem uma finalidade didática para o treinamento de papéis e o coordenador assinala a adequação ou não a um papel específico. Os jogos dramáticos têm também uma finalidade pedagógica; são empregados para a aprendizagem de uma linguagem dramática e os jogos dramáticos empresariais que são utilizados para a investigação de acontecimentos pessoais e vinculares, associados a uma atividade.

Os procedimentos têm cinco elementos e se desenvolvem em três momentos.

Elementos

- O(s) protagonista(s).
- O(s) eu(s) auxiliar(es).
- O público.
- O cenário.
- O diretor ou coordenador

Momentos

- Encadeamento.
- Dramatização propriamente dita.
- O *sharing* (compartilhar e/ou processar) final.

As Técnicas Dramáticas

As *técnicas dramáticas*, de sua parte, são ferramentas e/ou recursos de ação que se utilizam na implementação dos procedimentos ou das dramatizações. Constituem uma linguagem utilizada como meio de comunicação, investigação, exploração, elaboração etc. São meios para a abordagem de situações, dificuldades e problemáticas, que possibilitam uma leitura mais abrangente e compreensão, intervenção e resolução mais rápidas.

Acaba sendo impossível fazer aqui uma enumeração detalhada das múltiplas técnicas. Entre aquelas utilizadas mais freqüentemente, podemos mencionar as relacionadas a seguir.

Dramatização simples

Consiste na representação de uma situação significativa para o protagonista, e que faz referência a sucessos do passado, presente ou futuro. Na dramatização, põem-se em jogo aspectos que enriquecem o verbal.

Solilóquio

Consiste em expressar, no presente e na primeira pessoa, os pensamentos e sentimentos que o resto dos personagens ou o público não podem escutar (é algo como expressar a coluna esquerda emocional).

Inversão de papéis

Troca-se de papéis com o co-protagonista ou com o eu-auxiliar. Assim, o protagonista pode transformar-se em um observador da situação através dos olhos do outro, assim como se ver a partir da perspectiva do outro. O auxiliar passa a desempenhar o papel do protagonista adotando sua postura e seu texto discursivo.

Duplo

O eu-auxiliar faz ou diz o que acredita ou sente que o protagonista não pode expressar por si mesmo.

Outras

Dublagem, espelho, entrevista, concretização, inerpolação de resistências, dramatização simbólica, entre outras.

AS TÉCNICAS PSICODRAMÁTICAS NO PROCESSO DE *COACHING*

Durante o *coaching*, o *coach* utiliza um *procedimento dramático*, o desempenho de papéis, e implementa diferentes *técnicas dramáticas*. A cena a ser dramatizada deve ser indicada ou sugerida pelo *coach*, que será também o diretor e, muitas vezes – sobretudo quando o *coaching* é individual –, fará também o papel do eu-auxiliar, adotando os papéis que a cena requeira do co-protagonista. Muitas vezes, é o *coachee* com experiência quem sugere trabalhar uma cena, e é possível atender ao seu pedido, mas, no geral, é o *coach* quem decide quando, por que e para que se implementará uma determinada estratégia.

Durante uma cena, é possível a implementação complementar de diferentes técnicas. Assim, um *solilóquio* pode passar a uma *concretização* (representar com o próprio corpo a forma ou imagem que uma emoção ou situação possui). Exemplo: se no solilóquio o protagonista diz que sente culpa, podemos pedir a ele uma concretização da mesma, ou seja, que adote com seu corpo a forma que tem essa culpa e, em seguida, agregue-lhe palavras e/ou gestos. O *coach* ou auxiliar – em uma inversão de papéis – dotará o papel do protagonista e interatuará com a culpa, representada pelo *coachee*.

O papel do *coach* é muito específico e nunca se deve confundir com uma intervenção psicoterapêutica. O *coach* não interpreta analiticamente para a resolução de conflito, situações traumáticas, patológicas etc. O *coaching* não é um vínculo de investigação analítica profunda. O *coach* é um profissional qualificado que se aproxima da tarefa utilizando a linguagem – verbal, corporal e emocional – e que, implementando técnicas de ação, irá colaborar para a transformação do observador e a expansão de sua capacidade de ação, diminuindo espaços ou brechas que dizem respeito a uma situação pontual e específica, geralmente no âmbito profissional ou de trabalho.

Do mesmo modo que assinalamos a *geração de contexto** como consideração essencial para a iniciação de um *coaching*, consideramos imprescindível um contexto de confiança e legitimação para abordar um trabalho com técnicas dramáticas. Essa forma de intervenção requer uma aprendizagem profunda e o cuidado com a segurança psicológica. Sobretudo no começo, quando se mobilizam muitas ansiedades relacionadas com o olhar e ser olhado por outros, ver-se, não ser visto ou reconhecido, expor-se a uma avaliação, aos sentimentos negativos de outros, entrar de cara, desempenhar papéis rejeitados ou de pessoas repudiáveis, ao ridículo, ao descontrole, ao equívoco, ao novo, à expressão dos afetos, ao erótico, ao amor, à rejeição, à mudança, ao "dar-se conta" etc.

Tendo sido gerado o contexto adequado, é o *coachee* quem muitas vezes acaba sugerindo auspiciosamente: "Por que não fazemos uma cena com..." Isso acontece também como conseqüência da aprendiza-

---

* Ver Capítulo V.

gem experimental, que faz com que muitas vezes o que não se compreende ou é de difícil transmissão apenas verbalmente fique facilmente compreensível depois de uma dramatização; também ficam imagens, sensações, emoções que são mais difíceis de esquecer e que não envolvem apenas o protagonista.

No caso do *coaching* grupal (por exemplo, trabalhando com toda uma equipe), mesmo os que não dramatizam e ficam como observadores ou público estão imersos na cena e envolvidos por associação, ressonância, identificação, e até por oposição com os personagens ou situações dramatizadas. É no momento de intervir como auxiliares na cena, ou no *sharing* do encerramento, quando ao compartilhar suas emoções, pensamentos e identificações, assumem também consciência de suas dificuldades e/ou potencialidades em seu papel profissional ou no seu trabalho, detectando aspectos ou mudanças sobre as quais é útil aprofundar para benefício pessoal e da tarefa.

CAPÍTULO IX

Ética no Coaching

Quero começar este capítulo com um relato. É um dos meus relatos preferidos. Não tenho referência de seu autor, já que foi transmitido por tradição oral, provavelmente através dos séculos e chegando assim às minhas mãos.

O ABADE, O RABINO E O MESSIAS

Era uma vez um monastério que por causa de seus habitantes se encontrava em graves dificuldades. A ordem, muito poderosa em outros tempos, havia perdido suas abadias e seus membros, ficando reduzida a uma casa matriz com cinco monges, o abade e quatro irmãos. Estava à beira da extinção.

No bosque que circundava o monastério, havia uma construção, que o rabino de um povoado vizinho costumava utilizar como retiro espiritual. Em certa ocasião, enquanto meditava desesperançado sobre o futuro de sua ordem, o abade teve a idéia de visitar a cabana e pedir ao rabino algum conselho que o ajudaria a salvar o monastério.

O rabino recebeu o abade com alegria. Havia entre ambos o reconhecimento mútuo. Mas, quando o abade comentou com ele o motivo de sua visita, a única coisa que o rabino pôde fazer foi oferecer sua compreensão.

– Conheço o problema – disse –, as pessoas perderam sua espiritualidade. O mesmo acontece na cidade. Lá também são muito poucos os que vêm à sinagoga.

Os dois sábios anciões choraram juntos. Logo leram passagens da Bíblia e conversaram sobre questões profundas e sobre o fato maravilhoso de terem se conhecido. Finalmente, o abade pronto para partir perguntou:

– Não existe nada que você possa me dizer, nenhum conselho que possa me dar para salvar minha ordem?

– Infelizmente não – respondeu o rabino –, não tenho conselhos para dar a você.

Depois de um instante em silêncio, continuou:

– A única coisa que posso dizer é que o Messias é um de vocês cinco.

Quando o abade chegou ao monastério, os irmãos o rodearam e perguntaram ansiosamente o que havia dito o ancião.

– Não pode me ajudar. Conversamos, choramos juntos e lemos as Sagradas Escrituras. Somente ao nos despedirmos com um abraço, disse algo estranho, que não consegui compreender... disse que o Messias é um de nós.

Durante os meses seguintes, os monges meditaram sobre as palavras do rabino e seu possível significado. O Messias é um de nós? Como não fomos capazes de reconhecê-lo? Quem poderia ser? Talvez o abade? Sim! Se é um de nós, só pode ser o padre abade que nos dirige a anos. Ainda que talvez se trate do irmão cozinheiro! Todos sabemos que é uma luz de nossa ordem. Certamente, não se referia ao irmão administrador! O coitado está um pouquinho senil. Mas... pensando bem, ainda que incomode um pouco com a sua caduquice, quase sempre tem razão e expressa verdades profundas. Talvez, então, refira-se a ele. Mas sem dúvida que não é o irmão Tomás, o sacristão; de maneira nenhuma. Tomás é tão passivo! Entretanto, ele tem o misterioso dom de aparecer como por arte de magia se precisamos de algo. Talvez, então, Tomás seja o Messias. Sem dúvida, o rabino não se referia a mim, que sou uma pessoa comum, simples e ordinária. Mas e se falava de mim? E se eu for o Messias? Deus, que não seja eu. Não posso ser eu o seu enviado, não é mesmo?

E no curso dessas meditações, cada monge passou a tratar seus irmãos com respeito extraordinário. E começaram a tratar a si mesmo com esse mesmo respeito, diante da remota possibilidade de que fosse o Messias.

O povo da vizinhança costumava visitar o bosque onde estava situado o monastério. Descansavam sob as árvores, passeavam por seus caminhos e alguns, inclusive, entravam para meditar na velha capela. Com o transcorrer do tempo e quase sem se dar conta, começaram a perceber o ar de grande respeito que rodeava os anciões, os monges e que ao redor havia certo poder ou magnetismo que os atraía. O monastério recobrou seu antigo ambiente de prazer envolvente. As pessoas começaram a visitar o monastério com mais freqüência e trazer consigo outros para que conhecessem esse lugar tão especial. E esses trouxeram mais outros.

Os jovens, interessados, começaram a conversar com os sábios monges, até que um dia um deles pediu permissão para ingressar na ordem. Logo, seguiu outro, e mais outro. Em poucos anos, a ordem voltou a florescer e na igreja voltou-se a escutar o jubiloso canto dos monges e o monastério se converteu em um vigoroso centro que irradiava luz e espiritualidade.

O sentido de começar com esse relato é que ele encerra, em sua infinita sabedoria, a essência da qual, na minha opinião, nutre-se o processo de *coaching*. Amor, respeito, integridade, honestidade, compromisso, impecabilidade e cooperação são apenas alguns dos valores que devem ser observados.

A ética (do grego éthikos), segundo o dicionário, faz referência à moral e às obrigações do ser humano. Eu afirmo que se refere às atitudes, à responsabilidade e aos valores com os quais nos relacionamos com os outros e com o mundo. O vínculo *coach-coachee* está fundado na ética dos valores acima mencionados. A raiz é o amor e o respeito para com o outro como um legítimo outro. A integridade no viver com dignidade, entendendo a dignidade como o viver de acordo com os valores que dizemos sustentar. É honrar a palavra, honrar os compromissos. O compromisso gera confiança. O *coaching* é uma relação de compromisso, confiança e de cooperação. É uma cooperação com compaixão, mas não com complacência.

A conceitualização na qual se fundamenta o *coaching*, sua metodologia e as ferramentas com as quais opera são muito poderosas. São ferramentas para a dignidade e a aprendizagem; para colaborar com o outro para que ele assuma o poder que está nas próprias mãos. Não são ferramentas para a manipulação do outro, não são elementos para ter poder *sobre o outro*, nem para dizer-lhe o que deve fazer ou como deve ser.

A partir da ética do *coaching*, o sentido de aprendê-las não é para ocultá-las dos outros como vantagem competitiva, mas sim para ensiná-las e compartilhá-las.

"O discípulo se ajoelhou para ser iniciado no caminho do conhecimento. O mestre se aproximou e sussurrou no seu ouvido um mantra sagrado. Com a advertência de que não o revelasse a ninguém. 'E o que acontecerá se eu o fizer?' perguntou o discípulo. 'Aquele a quem o revelares ficará livre da ignorância' – respondeu o mestre – 'e em troca você será excluído deste seminário.'

Assim que escutou essas palavras, o discípulo saiu correndo para a praça central e, congregando uma multidão em torno de si, repetiu em voz alta o mantra sagrado para que todos o escutassem.

Tendo visto isso, seus companheiros discípulos voltaram rapidamente diante do mestre a quem contaram o acontecido. Pedindo que fosse expulso do monastério por desobediência.

O mestre sorriu compassivamente e disse: 'Esse menino não precisa de nada que eu possa lhe ensinar. Com sua ação, demonstrou já ser um grande mestre em todos os sentidos'."

O conhecimento que tentamos transmitir ao longo desta obra, mais que as ferramentas, lança sementes em seu usuário. Em sua própria aprendizagem, no desenvolvimento de competências e no viver de acordo com seus valores. Como no conto do abade e do rabino, referimonos ao eu, a você e a esse nós que significa e dignifica o *encontro*.

O processo de *coaching* faz referência tanto dos temas que engloba quanto das conversas mantidas entre *coach* e *coachee*. O conceito de processo fala também da interação e da relação interpessoal entre ambos. Sua natureza pertence à dimensão da ética.

Capítulo X

Carta Aberta às Novas Gerações de Coaches

Estimados líderes, detetives, alquimistas.

"Um pai que dá conselhos, mais que pai é um amigo." É o que diz José Hernández em sua magistral obra *Martin Fierro*. Após árduos meses de investigação e trabalho, sinto que estou chegando ao fim do percurso deste texto, que comecei desejando ansiosamente terminar. Agora, resistindo a esse impulso inicial, procuro por novos assuntos que prolonguem esse contato. Devo aceitar a incompletude, não apenas a incompletude por si mesma, mas também a desta obra, já que seguramente iriam ficar muitas coisas por dizer e, com certeza, haverá novos aportes no devir da teoria e da prática do *coaching*.

Pensando em cenas, imaginei-me em um diálogo com meus alunos nos cursos de formação; não como um pai, mas como um colega e amigo. Percebi que ainda ficaram idéias, sugestões e quem sabe conselhos que gostaria de compartilhar. Não pretendem ser receitas. Nem todos são originais. São profundamente pessoais e subjetivos. Tento sempre alentar meus alunos em direção à espontaneidade e à criatividade. Na prática, cada aspirante a *coach* deverá encontrar sua própria forma criativa. Parte do processo de aprendizagem é respeitar e saber incorporar e adaptar o que foi aprendido a uma forma ou estilo pessoal que lhes convenha para os seus diferentes âmbitos de aplicação.

As sugestões que seguem neste último e desorganizado capítulo representam ou refletem meu próprio estilo, baseado no pluralismo e no compromisso.

EVITEM OS DIAGNÓSTICOS APRESSADOS

Coaching é um processo em que o *coach* é também um observador que deveria estar aberto ao conhecimento. Às vezes, a ansiedade nos impulsiona a rotular o outro rapidamente, limitando a observação, a visão e, por conseguinte, o respeito pelo outro enquanto pessoa. Evitem a ansiedade por "encontrar uma solução". Ela só responde ao insuportável da incerteza e à necessidade de ter o domínio e o controle. O risco é que, a partir daí, tendamos a ter uma escuta seletiva limitante que "faça cair as fichas" de modo tal a ratificar nosso prejulgamento. Picasso falava do olho censor, aquele que só vê o superficial. As pessoas não vêem as coisas como são, vêem o que querem. O observador é parte do fenômeno. Como *coaches*, devemos aprender a respirar, a observar e a escutar. O diagnóstico chegará com mais detalhes e perguntas e, ainda assim, continuará sendo uma explicação, não a explicação.

"A verdade é uma ilusão sem a qual
uma certa espécie não pode sobreviver."
F. Nietzsche

TRANSCENDER A TÉCNICA E CONFIAR NA PRÓPRIA ESPONTANEIDADE

Como roteirista e diretor amador de curta-metragens, aprendi com meus professores que até os grandes realizadores que transgridem criativamente as recomendações para a filmagem (por exemplo, posições de câmera), antes de fazê-lo, são profundos conhecedores das leis da cinematografia e no começo se ativeram estritamente a elas. O mesmo aconteceu com artistas plásticos e de outras disciplinas, entre eles, os grandes surrealistas como Picasso e Dali. O *coach* é um acompanhante-guia em um processo de soprar brasas, colaborando em identificar e remover obstáculos no desenvolvimento e no crescimento do *coachee*. Apesar de ensinar que um *coach* não dá conselhos, devo confessar que em algumas poucas oportunidades transgrido essa regra (todo *coach* comete transgressões).

Tomar decisões pelo *coachee* é uma maneira de perdê-lo como tal. Vamos lembrar que uma das finalidades do *coaching* é que o *coachee* assuma responsabilidade perante suas ações. Entretanto, em determinadas situações, sugiro certas ações quando o consultante se encontra muito estruturado em um padrão de conduta. São pequenas tarefas para abrir enormes oportunidades.

Como principiantes, sugiro que aprendam rigorosamente a técnica. Em seguida, tendo mais conhecimento, convido-os a transcendê-la confiando em sua própria criatividade.

Assumam Responsabilidade e Passem pela Experiência de ser *Coachees*

Assim como incentivarão o *coachee* a assumir responsabilidade, quer dizer, compreender como eles mesmos são um fator contribuinte na situação que os incomoda, o *coache* também deverá ser um permanente observador de si mesmo diante do *coachee*. A aprendizagem para ser *coach* não pode ser apenas intelectual. É experimental e vivencial. O passar pela experiência de ser *coachee* dá um verdadeiro conhecimento e completa a experiência. Ser *coachee* é um passo elementar no processo de aprendizagem e treinamento para ser *coach*. Mas essa capacitação não termina com a certificação. Requer uma aprendizagem contínua, e ser *coachee* de outro oferece uma das melhores oportunidades para se compartilhar e processar as próprias incertezas.

Esse outro a quem escolham para ser seu *coache* poderá ser alguém com maior experiência, ou um semelhante, ou um grupo de pessoas. Nesse sentido, conto a vocês que na minha experiência participei de um grupo de *coaches* autogestionado, com resultados espetaculares. Tratava-se de um grupo de seis *coaches*, com certa quantidade de anos de experiência, e nos reuníamos quinzenalmente. Tendo gerado o prévio contexto de confiança, confidencialidade e respeito, diante da diversidade de enfoques, construímos um espaço de encontros onde podíamos expor, sem medo, nossos próprios medos. Também nossos acertos e erros. Rotativamente, um de nós se transformava em *coach* de quem quisesse compartilhar uma situação, e o resto de nós ficava como observador com a possibilidade de dar *feedback* no final, tanto ao *coachee* como ao *coach*. Isso era profundamente enriquecedor para todos.

CADA *COACHEE* É UMA PEÇA ARTESANAL

Apesar de termos apresentado uma técnica e passos de processo e ainda que as brechas que exponham seus *coachees* sejam muitas vezes similares às de outros, afirmo que não existe *coaching* padronizado. Tentar esquematizá-lo seria contrário ao seu próprio espírito. O processo do *coaching* se dá na relação *coach/coachee*, e esta tem singularidade e linguagem próprias, que requerem mais espontaneidade que um protocolo a seguir. Quando digo artesanal, digo "sob medida" para cada *coachee*, considerando que, ainda que os fatos e as narrativas tenham similaridades, cada pessoa tem um mundo interno diferente. Compreender e respeitar isso constitui a própria essência do *coach*.

NÃO DESANIME DIANTE DE UMA CEGUEIRA MOMENTÂNEA

O processo de *coaching* é cíclico. Muitas vezes, passarão pelo mesmo tema, mas, como já dissemos antes, a partir de outro ponto de observação. Haverá sessões em que as descobertas serão deslumbrantes e outras nas quais a sensação será de confusão e improdutibilidade. Ainda que cada encontro se inicie e se feche em si mesmo, não se pode esquecer que faz parte de um todo como um processo. Como tal, a obscuridade de uma sessão pode ser o prelúdio da iluminação da seguinte. Construam a história. Sugiro tomarem notas ao final de cada sessão. Não apenas terão a história do desenvolver, mas ela lhes permitirá unir a última com a próxima, aprofundando e avançando no processo.

INCENTIVEM A EXPRESSÃO EMOCIONAL

Geralmente, acontece que, perante a uma emoção do outro, as pessoas tendem a acalmar, ou a consolar, ou a dizer algo que inibe a expressão (por exemplo, "mas como você vai ficar assim por causa...").

Fazem-no com uma intenção genuína de ajudar para que o outro recupere o controle de si mesmo e, outras vezes, fazem-no devido à sua própria dificuldade de tolerar e/ou sustentar a emocionalidade do interlocutor. Como *coaches*, vocês deverão aprender a sustentar a situação acompanhando o *coachee* e incentivando-o a expressar e se aprofundar sem temor. É como se lhe dissessem: "Estou aqui, como uma âncora que o ajudará. Fique onde está e continue conectando-se com o que sente, quando puder, e como puder, trate de expressá-lo em palavras". Às vezes, isso é dito sem palavras, basta um gesto, tocando o ombro, dando a mão. Não forcem o contato, mas não tenham temor de aproximar-se do *coachee*.

Muitas sessões de *coaching* são mais lembradas pelo gesto que pelo conteúdo. Uma excelente ferramenta é articular técnicas dramáticas, por exemplo, se o *coachee* chora ou sente uma dor localizada em alguma zona corporal, poderão pedir-lhe que ponha em palavras da seguinte maneira: "Se suas lágrimas falassem, o que estariam dizendo?" ou "ponha sua mão sobre a área que dói ou incomoda. Se essa mão fosse uma esponja, o que estaria absorvendo?"

Lembrem também que, para ser operativa, a catarse requer uma elaboração. Por isso, depois da expressão, é recomendável um espaço para a reflexão e a análise.

Prestem Atenção em seus Próprios Sentimentos

O que está fora se reproduz dentro. O que acontece ao *coachee* em suas relações interpessoais, provavelmente, tenderá a repetir-se no vínculo com o *coach*. Essa é uma idéia que toma emprestado o conceito de contratransferência na psicanálise e que adapto ao processo de *coaching*. Aqueles rompantes pessoais do *coachee* na relação com os outros também se farão evidentes no espaço do *coaching*. Como *coaches*, também terão sentimentos contratransferenciais com relação ao *coachee*. Aconselho prestar muita atenção, já que serão extremamente reveladores e servirão de abertura a enriquecedoras indagações.

Se durante a sessão sentirem tensão, raiva, impaciência, confusão ou qualquer outro sentimento ou sensação, não fiquem chateados consigo mesmos ou com o *coachee* por sentir o que estão sentindo (sim, estimados colegas, ao *coachee* também, por serem simplesmente humanos, acontecem essas coisas. Por acaso não nos acontece até com nossos próprios filhos de vez em quando?). Aceitem-no como uma oportunidade e, em seguida, indaguem sobre o mesmo. Primeiro, o farão em um diálogo interno e, em seguida, desintoxicada, irão compartilhá-la produtivamente com o *coachee*. O primeiro passo é tratar de distinguir se isso que sentem é próprio, já que a preocupação, o tédio, a raiva etc. poderiam estar relacionados com algo pessoal que não tem a ver com a narrativa do *coachee*, já que somos humanos. Feita essa distinção, e verificando que o que sentem é produto do aqui e agora da sessão, poderão afirmar que o mesmo que sentem em relação ao *coachee* aqui é o que acontece com outros lá fora.

Muitas vezes, terão sentimentos (tristeza, irritação etc.) que não apenas não são expressados pelo *coachee*, mas que nem sequer ele mesmo tem consciência deles. Como processar e retroalimentar com esses sentimentos?* Evitem fazer "confissões" contratransferenciais e opiniões sem desintoxicar ou colocando a responsabilidade no outro.

Expressem-se sempre na primeira pessoa do singular: "Eu sinto..." Se o *coachee* estiver muito fechado, sua escuta será diferente se dissermos "sinto-me excluído" do que "hoje você está fechado". Se se sentirem excessivamente exigidos ou assoberbados também será de maior abertura dizer "não sei como satisfazer tanta demanda" que expressar "você é insaciável". Falar desse modo evita a resposta defensiva do *coachee*, oferece a possibilidade de abrir diálogos mais produtivos e transparentes e evidenciará um desejo por parte de vocês de maior compromisso. Lembrem-se de fundamentar suas expressões em fatos e em observações. Não façam interpretações, inferências, nem conjeturas sobre a motivação do *coachee* ("ah, você está querendo me controlar", "está tentando fugir" etc.). Observem, escutem, registrem o que sentem e, finalmente, como já sabem, tenham em mente que as emoções são inquestionáveis. Sempre será útil perguntar: "Será possível que isso que eu sinto agora aconteça ou afete outras pessoas da mesma maneira?" As revelações serão surpreendentes.

---

* Ver Capítulo VI, em que se desenvolve o tema da coluna esquerda.

SER *COACH* TEM CONSEQÜÊNCIAS SAUDÁVEIS EM RELAÇÃO À PRÓPRIA TRANSFORMAÇÃO PESSOAL

Não faz muito tempo, ligou-me uma pessoa que disse ter participado de um de meus grupos. Depois de se apresentar, perguntou-me se me lembrava dele. Certamente, eu sabia quem era. "Sim – eu falei – me assombra que você ainda se lembre." Escutei, então, uma das coisas mais gratificantes e emocionantes da minha vida. Ele me disse: "Como não iria lembrar?... Você foi a matriz do que muitos de nós somos hoje!"

Depois de mais de 30 anos de prática profissional, de forma individual, e mais alguns coordenando grupos, fico alegre de continuar sendo apaixonado e comovido e com as brasas acesas com o meu trabalho. E isso acontece também graças aos meus pacientes e *coachees*. Eles também são sopradores de brasas, mestres, guias que não só influem, mas também nos ajudam a aprender e a mudar. Deles aprenderão sobre a vida, os sonhos, a morte, as frustrações, os sucessos e muitas outras coisas mais.

Aproveitem e deixem-nos ser mestres também. Animem-se também a dizê-lo, compartilhando com eles quando isso acontecer. É um vínculo dialético de mútua e enorme aprendizagem. Eles também são a matriz de nossas próprias transformações.

José e Daniel foram dois renomados curandeiros que viveram em tempos bíblicos. Ambos eram muito eficazes, ainda que trabalhassem de maneiras e com estilos diferentes. Ainda que contemporâneos, nunca tiveram um encontro e se consideravam mutuamente rivais. Foi assim durante anos, até que José, o mais jovem, adoeceu espiritualmente. Desesperado e sentindo-se incapaz de curar a si mesmo, partiu em peregrinação buscando a ajuda de Daniel. Durante seu percurso, descansando em um oásis durante a noite, iniciou uma conversa com outro viajante que, ao escutar o propósito de sua viagem, ofereceu-se como guia para ajudá-lo em sua busca por Daniel. Partiram juntos e, no meio de sua longa expedição, o homem mais velho revelou sua identidade. Ele era Daniel, a quem Josá procurava. Ato contínuo, passando o assombro de José, Daniel o conduziu até sua casa, convidando-o a permanecer ali. No princípio, diante do pedido de

*Daniel, José foi seu servente. Logo aprendiz e, finalmente, um colega de igual hierarquia. Assim viveram e trabalharam juntos muitos anos. Anos depois, velho e doente, Daniel pediu a José que escutasse uma confissão. Começou recordando seu encontro no oásis quando José, doente, viajou em busca de sua ajuda e como José havia considerado milagroso aquele encontro. Agora, enfrentando sua própria morte, Daniel quebrou o silêncio de tantos anos confessando que para ele também foi milagroso. Ele também, naquela época, havia caído em um sombrio desespero, sentindo-se vazio espiritualmente e incapaz de curar a si mesmo. Aquela noite do encontro, ele havia iniciado sua própria viagem em busca da ajuda do famoso curandeiro chamado José.**

Irving Yalom, em *O Dom da Terapia*[32], reproduz esse mesmo relato e complementa: "Sinto-me impactado pelo relato profundamente iluminador sobre o oferecer e o receber ajuda, sobre a honestidade e a duplicidade e sobre a relação entre curandeiro e paciente. Os dois receberam uma poderosa ajuda, mas de maneiras diferentes. José, o mais jovem, foi criado e cuidado, recebeu os ensinamentos e o apoio de um pai. O outro curandeiro recebeu a ajuda que é dada no servir ao outro. (...) O que teria acontecido se a confissão no leito de morte tivesse ocorrido antes? (...) Se o curandeiro e o peregrino tivessem se unido para enfrentar juntos as perguntas sem resposta?"

Finalmente, e tratando-se de uma carta, também me dirijo a você, querido leitor.

Este livro é o resultado de uma viagem. De uma peregrinação que um dia começou com medo e entusiasmo, e que agora concluo satisfeito e cheio de expectativas. Durante o processo criador, atravessei tormentas e também descansei em oásis. Tive guias, mestres, aliados e acompanhantes. Aprendi, e tenho o privilégio de ensinar e continuar aprendendo. Declaro-me na mente do aprendiz. É uma odisséia de vida que ainda continua com a brasa acesa.

---

* Relato adaptado de *El juego de abalorios* de Hermann Hesse, Sudamericana, Buenos Aires, 2002.

[32] Emecé, Buenos Aires, 2002, p. 29.

Confio que você tomará este texto singelamente como a descrição de experiências, explorações pessoais, ferramentas e aprendizagens de viagem de um peregrino. Convencido de que não está tudo dito, que ainda existem territórios por descobrir, convido-o a continuar explorando com a convicção de que apenas poderá fazê-lo através de sua própria vivência.

Obrigado por me acompanhar até aqui.

Apêndice de A Arte de Soprar Brasas

Sobre o Coaching *Ontológico*

Rafael Echeverría, Ph.D.

Celebro o lançamento deste livro sobre *coach* de Leonardo Wolk. Trata-se de uma contribuição importante no desenvolvimento dessa disciplina emergente. Muitos se perguntam: "Para que serve o *coaching*? Em que consiste? Todas as propostas de *coaching* são equivalentes?"

Essas e outras perguntas similares são abordadas pelo próprio Wolk. Entretanto, parece-me interessante não as dar por encerradas prematuramente, pois as respostas que elas evocam estão muito longe de terem esgotado tudo o que pode ser dito sobre o papel que a prática do *coaching* irá assumir no futuro. A rigor, trata-se de perguntas abertas cujas respostas se desenrolam simultaneamente com o crescimento da própria disciplina. À medida que o *coaching* se expande, descobrimos formas diferentes de respondê-las e cada vez aparecem novas perguntas. Como acontece com outras áreas, o *coaching*, ao evoluir, nos surpreende, mostrando-nos aportes e facetas que inicialmente éramos incapazes de observar. É ainda uma disciplina em pleno processo de invenção de si mesma. Cada novo aporte, cada novo livro que sobre ela se escreve, leva consigo a possibilidade de modificar nosso olhar.

A Origem do *Coaching*

O *coaching* nasce no campo dos esportes. E nele registra uma história muito longa. O *coach* esportivo é a pessoa que se encarrega de um esportista ou de uma equipe, determinando-se como objetivo levar os atletas a alcançarem níveis máximos de desempenho. Quantas vezes não vimos o que pareceria ser um resultado milagroso do trabalho de um *coach* esportivo? Após algum tempo de ter se encarregado de um indivíduo ou de uma equipe, de desempenhos sabidamente medíocres, o *coach* os leva a exibir desempenhos extraordinários, desempenhos acima do esperado, desempenhos que inicialmente pareciam impossíveis de alcançar. O *coaching* como disciplina genérica, como um ofício que se estende para além da área dos esportes, surge dessa experiência. Tem como objetivo levar a terrenos diferentes o tipo de resultado que, no seu campo, gerava o *coach* esportivo.

O que, a rigor, faz o *coach* esportivo? Qual é o caráter de sua intervenção? Isso é relativamente simples. Trata-se de uma intervenção a serviço da geração de resultados precisos, trata-se da superação de uma marca e de garantir um triunfo diante de um adversário. Para conseguir isso, o *coach* esportivo busca identificar os fatores que interferem no resultado a ser alcançado e desenvolver as condições e as competências que facilitem o seu sucesso. Isso representa uma primeira e adequada definição da tarefa de todo *coach*. Para atingi-la, o *coach* esportivo corrige alguns hábitos inadequados que obstruem o desempenho de quem está sob sua responsabilidade, desenvolve um conjunto de competências individuais, como o de coordenação de ações dos membros de uma equipe, projeta estratégias tanto defensivas quanto ofensivas para enfrentar o adversário e, sobretudo, busca elevar a autoconfiança e a motivação de seus esportistas para que eles atinjam os resultados esperados. Para esse efeito, dispõe de um espaço particular para realizar suas intervenções: o treinamento.

Da mesma forma que faz em seus ensaios um diretor de orquestra, o *coach* esportivo prepara pacientemente seus atletas para gerar neles novos padrões de comportamento e uma disposição emocional adequada para alcançarem os objetivos propostos.

O *coach* esportivo, assim como o diretor da orquestra, possui alguns elementos a seu favor. Entre eles, o fato de que o desempenho que busca está demarcado tanto no tempo quanto no espaço. Os resultados que este deve alcançar têm de se manifestar em tempo e lugar delimitados. Por outro lado, o resultado que dele se espera deve ser alcançado em um jogo fechado, de regras claras e fixas. Além disso, ocorre que o tempo de desempenho é curto, a motivação necessária para alcançar os objetivos propostos só precisa durar o tempo no qual se desenvolve o jogo e se focaliza na maneira como ele é jogado. Por último, o fato de que os esportes incluem um forte elemento de competência ajuda o trabalho do *coach* e facilita a motivação.

O *coaching* como disciplina genérica capaz de ser exercida além dos limites dos esportes busca imitar e repetir em outras áreas os resultados que deve exibir o *coach* esportivo. Entretanto, à medida que mais nos afastamos do campo dos esportes, os novos desafios que começam a enfrentar os *coaches* são cada vez maiores. Não obstante, é importante advertir que surgem muitas modalidades diversas de *coaching* que seguem fortemente apegadas ao padrão próprio do *coaching* esportivo, obtendo resultados muito superficiais ou simplesmente efêmeros. Quando se busca alcançar resultados mais profundos e estáveis em domínios de maior complexidade e extensão, o modelo do *coaching* esportivo mostra severas limitações. Contudo mostra um caminho a seguir.

Em Busca de um *Coaching* Genérico

Seguindo o caminho mostrado pelos *coaches* esportivos, começou-se a explorar um tipo de atividade que, para além do campo delimitado pelos esportes, permitia levar indivíduos, equipes e organizações a superarem de maneira significativa seus presentes níveis de desempenho e dirigir suas ações para novos umbrais de possibilidades.

O *coaching* como atividade genérica busca desenvolver uma disciplina capaz de servir a identificação e a dissolução de obstáculos que nós seres humanos costumamos encontrar quando buscamos alcançar nossas aspirações. Nas empresas e, em geral, nas organizações, busca-se poder incrementar a efetividade no desempenho de seus membros, equipes e processos. Se considerasse que os gerentes e diretores pudessem aplicar com sua própria equipe as competências de um *coach*, isso poderia desencadear níveis de desempenho inimagináveis.

Entretanto, o tipo de competências que se requer para sustentar um desempenho bastante mais complexo, como o que exige a organização, requer um nível de profundidade que o *coaching* esportivo não é capaz de prover. O tipo de motivação necessária para acompanhar desempenhos que duram de oito horas em diante, todos os dias de trabalho do ano, não é o tipo de motivação que o *coach* esportivo consegue promover para uma partida que dura apenas duas horas. Os problemas pareceriam multiplicar-se. As frustrações aumentam ao ser aplicada uma prática projetada para um contexto muito diferente.

Para além das organizações, o *coaching* também começa a ser visto como um caminho para a superação de múltiplas limitações que os indivíduos encontram em suas vidas. A simples existência nos confronta dia a dia com inumeráveis obstáculos na perseguição de nossas aspirações. Vez após a outra nos deparamos com a experiência de não saber como fazer as coisas para chegar aonde queremos, para alcançar o nível de satisfação e de felicidade que em determinado momento sonhamos que era possível.

Os exemplos são infinitos e os encontramos em nossas relações amorosas, na relação que estabelecemos com nossos pais, com nossos filhos, com nossos amigos. Podemos vê-los na maneira como nos desenvolvemos no trabalho e nas relações que estabelecemos com nossos chefes, com nossos colegas, com nossos subordinados. Porém, mais profundamente ainda, encontramos esses obstáculos na relação que estabelecemos com nós mesmos e com nossa própria vida. Em várias oportunidades, nossa vida parece esvaziar-se de sentido e nos sentimos desorientados, sem saber o que fazer, nem aonde ir. Se simplesmente houvesse alguém que pudesse nos mostrar por que chegamos a esse ponto e como sair dele... Por um período, era o padre que nos ajudava a reencontrar o caminho. Mais à frente, recorremos ao psicólogo. Hoje, suspeitamos se eles serão capazes de nos dar as respostas adequadas. Procuramos um *coach*. Será esse capaz de nos ajudar? Nós, *coaches*, seremos capazes de responder a essa demanda?

O *Coaching* Ontológico

As perguntas anteriores apresentam importantes desafios, que têm sido encarados de muitas maneiras diferentes, produzindo uma ampla e diversificada gama de propostas de *coaching*. Pessoalmente, incluo-me na corrente que se autodenomina *coaching ontológico*. Seu ponto central reside no pressuposto que para responder adequadamente a essas perguntas, é necessário repensar muito radicalmente a pergunta acerca do que significa ser humano. Chamo essa pergunta, seguindo o filósofo alemão Martin Heidegger, de *pergunta ontológica*. Essa pergunta já foi atendida faz mais ou menos uns 25 séculos, quando, na Grécia antiga, um grupo de filósofos, entre os quais se destacam Sócrates e, muito particularmente, Platão e Aristótoles, respondeu a ela, inaugurando um tipo de resposta que conforma o que denomino o *programa metafísico*.

Desde então, mantivemo-nos fundamentalmente fiéis às premissas que eles estabeleceram em suas respostas. Considero que já faz algum tempo que se tornou necessário voltar a fazer essa pergunta, e de revisar criticamente as premissas oferecidas pela proposta metafísica. Somos parte de uma ampla corrente, inaugurada por Friedcrih Nietzsche, que considera que a história da humanidade já chegou a uma encruzilhada que exibe o esgotamento do programa metafísico e, portanto, a necessidade de encerrá-lo para inaugurar um período muito diverso, sustentado em uma interpretação radicalmente diferente sobre o fenômeno humano. Com isso, abre-se um novo século na história da humanidade, que chamarei *programa ontológico*.

A nova resposta à pergunta pelo sentido da humanidade respondi, da minha maneira, em um discurso ao que chamei *ontologia da linguagem*. Muitas outras propostas apontam em uma direção similar e se apresentam sob outros nomes. Sou parte de uma ampla corrente que de maneira consistente está fazendo rachar o concreto de um antigo edifício, para se construir um novo no lugar. Não existe mudança mais importante na história da humanidade que aquela que transforma de maneira radical nossa concepção sobre nós mesmos. Da interpretação que fazemos sobre como somos se deriva todo o resto do que pensamos e fazemos.

Não é o caso de desenvolver neste texto minha resposta particular à pergunta ontológica. Basta simplesmente destacar algumas de suas premissas e mencionar algumas pessoas envolvidas em sua construção.

Nós, seres humanos, como assinala Martin Buber, somos seres dialógicos. O tipo de ser que somos se constitui nas conversas que mantemos com outros, com nós mesmos e com o mistério da vida. Quem consegue elevar as conversas, consegue acrescentar-se ao domínio misterioso e insustentável da alma humana. Nas conversas, encontramos, portanto, a chave para compreender melhor como somos individualmente, por que temos os problemas que enfrentamos, quais são nossas alegrias, nossos sofrimentos e como podemos, eventualmente, abrir caminho para uma vida mais plena e com maior sentido.

A linguagem, um componente básico de toda conversa, define e delimita, como assinala Ludwig Wittgenstein, uma forma particular de vida. Com Wittgenstein, inaugura-se um novo ramo na filosofia: a filosofia da linguagem. Entretanto, era necessário ir mais longe e corrigir o papel passivo e meramente descritivo que a proposta metafísica conferia à linguagem ao subordiná-la ao predomínio da razão e sua busca por verdades absolutas.

Uma contribuição decisiva será realizada pelo filósofo da linguagem J. L. Austin ao reconhecer que a linguagem, longe de ser passiva e descritiva, é ativa e geradora. Através das nossas conversas, transformamos o mundo e criamos novas realidades. As conversas participam da construção de nossas identidades, na formação de nossas relações pessoais, na criação de possibilidades e de futuros diferentes. Fernando Flores fortalecerá a relação entre a pergunta ontológica apresentada por Heidegger e os desenvolvimentos da filosofia da linguagem.

Dado o caráter ativo e gerador da linguagem, a humanidade está em um processo de permanente transformação. Mais importante que o autoconhecimento e a autodescoberta, por mais importante que isso seja, é participar ativa e responsavelmente no processo de nossa própria invenção. O *coaching* ontológico serve a esse propósito.

A Noção de Competências Genéricas

A proposta da "ontologia da linguagem" implica o reconhecimento de um conjunto de competências genéricas que fazem parte da arte da conversação. Não importa onde, quando ou com quem conversemos, não importa do que estejamos falando e nem mesmo do idioma que utilizemos, toda conversa se sustenta em um conjunto delimintado de competências. Elas incidem em mais do que simplesmente os resultados que alcançamos através dessas conversas. Nossas competências ou incompetências dialógicas nos constituem no tipo de seres humanos que somos, e isso condiciona o tipo de vida que nos cabe esperar. "Nosso caráter", dizia Heráclito, "é nosso destino". Hoje, parafraseamos sua sentença e dizemos que a forma particular de ser de cada indivíduo condiciona sua existência.

Portanto, além de nossas competências técnicas específicas, nós, seres humanos, operamos a partir de determinadas competências genéricas que se expressam na forma como conversamos. Muitas delas são abordadas no texto que nos é apresentado por Leonardo Wolk. O que é interessante na noção de competências genéricas é que, uma vez que essa noção é introduzida, descobrimos que muitos dos obstáculos que encontramos em nosso desempenho e em nossa busca por dar sentido à nossa vida encontram nelas sua raiz.

O trabalho do *coach* ontológico, portanto, consiste em indagar e intervir nesse substrato de competências dialógicas genéricas. A rigor, o processo de indagação e intervenção do *coaching* ontológico é bem mais complexo e requer outras noções igualmente fundamentais. Entretanto, o que foi dito anteriormente aponta na direção que estabelece a diferença entre esse tipo de *coaching* e muitas outras modalidades de *coaching* que não são ontológicas.

O Princípio do Caráter Não-linear do Comportamento Humano

Um dos grandes saltos que permite inaugurar bases sólidas para um *coaching* genérico capaz de transcender o *coaching* esportivo é o reconhecimento de um princípio que batizei com o nome de *"princípio do caráter não linear do comportamento humano"*. O que quero dizer com isso?

Sustento que os seres humanos encontram limites em sua capacidade de ação e aprendizagem. A aprendizagem é uma das atividades mais interessantes das quais somos capazes como seres humanos. A competência de aprendizagem é a mãe de todas as demais competências. A aprendizagem é uma ação dirigida a incrementar nossa capacidade de ação. Quem tiver aprendido a aprender pode aprender muito mais coisas. Portanto, se alguma competência é importante, é precisamente a competência de aprender. O *coaching* ontológico é, acima de tudo, um grande facilitador da aprendizagem. Sua tarefa é contribuir para facilitar a aprendizagem para as pessoas que não sabem como fazê-lo. Nesse sentido, o *coaching* ontológico é um facilitador dos processos de transformação de outros seres humanos, de seus processos de auto-invenção. Assim como Sócrates, com sua maiêutica, concebia-se como um parteiro que apontava ao desentranhamento do ser, seguindo o caminho proposto por Parmênides, o *coach* ontológico, ao contrário, caminhando pela trilha sugerida por Heráclito, é um parto do porvir.

O princípio que aponto sustenta que os seres humanos não podem incrementar linear e indefinidamente sua capacidade de ação. Não são capazes de aprender linearmente qualquer coisa a que se proponham. Tanto em sua capacidade de ação quanto em sua capacidade específica de aprendizagem encontram limites, encontram-se com obstáculos que os impedem de alcançar determinados resultados. A capacidade de ação e de aprendizagem não é contínua nem homogênea.

Quando nos perguntamos sobre os fatores que incidem no comportamento dos seres humanos, podemos apontar com facilidade os que chamamos "fatores visíveis do comportamento humano". Entre eles, cabe mencionar, em primeiro lugar, determinadas predisposições biológicas. Alguns nascem, por exemplo, com certos talentos para a música, matemática, articulação discursiva, pintura etc. Em segundo lugar, podemos reconhecer o importante papel das competências técnicas adquiridas através da aprendizagem. Se queremos demonstrar um desempenho adequado na utilização de um novo software, pegamos o manual correspondente e aprendemos. Em terceiro lugar, cabe mencionar as ferramentas e a tecnologia. Mudando de ferramentas, conseguimos alcançar resultados que antes não eram possíveis.

Por último, reconhecemos também a importância de fatores emocionais, os quais podemos agrupar no que chamamos de motivação. Ninguém põe em dúvida que o nível de motivação incide no desempenho de indivíduos e equipes.

O que foi dito nos faz pensar que, se encontramos dificuldades em obter determinados resultados, bastaria trocar alguns desses fatores para dissolvê-las.

Isso, entretanto, não funciona bem assim. Muitas vezes, nos encontramos com sérias dificuldades para obter um determinado resultado e, por intuição, sabemos que nenhum desses fatores é capaz de nos conduzir a uma dissolução. O que acontece é que esses problemas são amiúde os que mais afetam nossa existência, os que mais são importantes para a gente. Vejamos um exemplo.

Já há vários anos venho arrastando uma relação muito ruim com o meu filho. Duvido muito que tenha a ver com uma predisposição biológica, tanto minha quanto dele. Já procurei mudar várias coisas no meu comportamento e aprender novas modalidades de relação e até a presente data nada funcionou. Vejo que outros pais têm uma relação muito boa com seus filhos e digo para mim mesmo que então isso é possível. Não venham me dizer que falta motivação. Eu estaria disposto a perder um braço se tivesse a opção de melhorá-la. Nada afeta tão profundamente a minha vida quanto essa má relação. E mesmo assim, não sei o que fazer. Estamos diante de um caso típico no qual se abre a possibilidade para entrar a interação ontológica.

Postulo que, além desses fatores visíveis que afetam o comportamento, existem outros, normalmente invisíveis ao olhar desatento, que fazem um papel determinante no nosso desempenho. Eu os chamo "os fatores ocultos do comportamento humano". Eles são fundamentalmente dois: o tipo de observador que somos e os sistemas aos quais pertencemos. Observador e sistema.

Todo ser humano compreende o que acontece de uma determinada maneira, portanto, interpreta o mundo de sua forma. Seu comportamento se determina pelo sentido que ele confere ao acontecimento. Dependendo de como interpreta o que está se passando, vai agir de uma ou de outra forma. Por sua vez, dada a interpretação que o guia, uma ampla gama de ações fica também excluída de seu umbral de possibilidades. Ninguém interpreta um acontecimento exatamente da mesma forma. Quando olhamos o mundo ou quando olhamos a nós mesmos, observamos o que vemos com as lentes particulares do tipo de observador que somos. Nosso olhar espontâneo, entretanto, assume que observamos o que de fato está ali e não costuma reconhecer que esse olhar está condicionado pelo tipo de observador que somos. De fato, observamos o mundo não apenas de acordo como ele é, mas também de acordo como nós somos.

Uma premissa fundamental do "olhar ontológico" consiste em reconhecer a noção de observador e em aprender a observar não só o acontecer do mundo, mas também o tipo de observador que somos. Tanto em nós mesmos quanto nos demais. Sem a noção de observador, o "olhar ontológico" se encerra. Portanto, um dos principais obstáculos que determina os limites em nossa capacidade de desempenho é o tipo de observador que somos: fatores lingüísticos, emocionais e corporais a partir dos quais observamos o mundo. Enquanto não modificar o tipo de observador que sou hoje, continuarão existindo coisas que serão impossíveis de se realizar.

Um dos objetivos mais importantes do *coaching* ontológico consiste em dissolver os obstáculos que hoje encontro na minha capacidade de desempenho através da mudança no tipo de observador que sou. Assim mesmo, esse novo observador irá logo encontrar seus próprios limites e novamente se verá desafiado a dissolvê-los. Não existe um observador que não tenha limites.

Nossa capacidade de ação não está condicionada apenas pelo tipo de observador que somos. De maneira igualmente efetiva, estamos também condicionados pelos sistemas dos quais participamos e pelas posições que ocupamos em seu interior.

Todos participamos de múltiplos sistemas, e cada um deles contribui com a constituição de um tipo particular de observador e provoca em nós determinadas ações, inibindo outras. Não é estranho reconhecer que, ao mudar de um sistema ao outro, vemos aparecer comportamentos que no sistema anterior eram inimagináveis, ou vemos desaparecer comportamentos que antes nos eram habituais. Os sistemas aos quais pertencemos desempenham um papel determinante no nosso comportamento.

A noção de sistema, igualmente à noção de observador, não faz parte de nosso horário espontâneo. Nosso olhar espontâneo observa eventos, seqüência de eventos, incluindo relações entre um evento e outro, mas não percebe a estrutura que conforma a específica configuração de relações dos sistemas dos quais fazemos parte. Como acontece com a noção de observador, o olhar sistêmico também precisa ser "cultivado". Não adianta esperar que ele surja de maneira espontânea, pelo menos na grande maioria dos seres humanos.

Se desejamos dissolver determinados obstáculos em nosso comportamento e, particularmente, se buscamos estabilizar esses novos padrões de comportamento, muitas vezes a transformação do tipo de observador que somos não basta. É necessário também fazer mudanças nos sistemas dos quais participamos. De outra maneira, nossas mudanças pessoais serão de muito pouca duração. Parte importante do olhar ontológico consiste em ter na "mira" não só a mudança do observador, mas também a transformação do sistema. O olhar ontológico, portanto, não apenas introduz o observador do observador, mas também introduz um observador sistêmico que reconhece que os indivíduos se constituem no conjunto de relações e na sua particular configuração ou estrutura. Ao introduzir a noção de sistema, corremos o risco de cair em um determinismo estrutural asfixiante. Se o sistema determina nosso comportamento, como podemos libertar-nos de tal determinação? Não estamos por acaso condenados a ser como o sistema nos impõe? De maneira nenhuma. Um dos princípios básicos da proposta ontológica sustenta que o condicionamento que tanto o observador quanto o sistema exercem sobre cada ser humano costuma, por sua vez, permitir ações condizentes com a modificação tanto do observador quanto do próprio sistema. Ao tomar para si tais ações e realizar tais transformações, o ser humano tem a capacidade de gerar possibilidades que previamente estavam fechadas. Isso é a parte central da prática do *coaching* ontológico.

O Modelo do Observador, Ação e Resultados

Tudo que foi dito anteriormente desemboca em um modelo que tem sido uma característica da nossa proposta. Eu o batizei com o nome de "modelo do observador, ação e resultados". Graficamente, apresentamos esse modelo conforme a figura da página seguinte.

Trata-se de um modelo-guia para o trabalho que deve acontecer no *coaching* ontológico. O modelo é lido de trás para a frente. Isso significa que qualquer resultado que obtenhamos em nossa vida, seja no nível pessoal, seja no nível profissional, remete a ações que conduziram a ele. Se desejamos entender ou modificar esses resultados, a primeira grande chave está em referi-los às ações que os geraram.

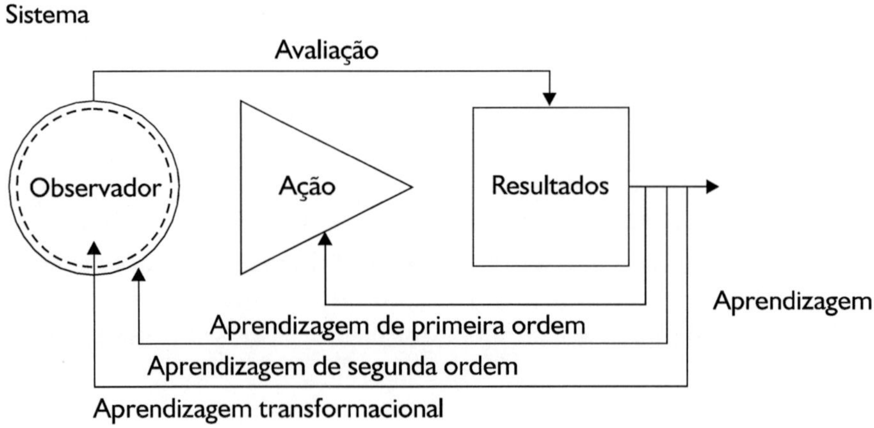

Muitos fatores incidem nas ações que tomamos. Alguns deles são facilmente reconhecíveis. São os fatores visíveis do comportamento humano. Outros, entretanto, costumam ocultar-se. Trata-se precisamente do que chamamos de fatores ocultos do comportamento humano. Esses nos permitem reconhecer que as ações que adotamos não são arbitrárias. E, por último, elas remetem ao tipo de observador que somos e aos sistemas dos quais fazemos parte.

Uma vez que um observador age e ao fazê-lo gera resultados, como bom observador que é, este observa os resultados que produz e os avalia. A avaliação pode levá-lo por caminhos distintos. Se os resultados o satisfazem, é muito possível da maneira como antes o fazia. Entretanto, se os resultados não o satisfazem, então se abrem diferentes alternativas. A primeira delas é simplesmente resignar-se. Isso equivale a dizer "o que vou fazer?", "não existe nada que eu possa fazer para mudar isso!" etc.

A segunda, que muitas vezes é um ingrediente da primeira, consiste em buscar uma explicação para o resultado negativo. Isso é sem dúvida um passo positivo. O dispor de uma explicação poderia abrir caminho para uma reflexão. Mas nem sempre é isso que acontece. Muitas vezes, as explicações que oferecemos acabam por se converter em justificativas. Diferentemente das explicações, que costumam ser neutras, as justificativas se caracaterizam por legitimar o resultado negativo. Uma justificativa opera como um tranquilizante. Ao acreditar saber por que algo aconteceu, posso retornar à resignação. Ou seja, "com o chefe que tenho, como poderia esperar algo diferente?", "sendo como sou, que outra coisa poderia fazer?" etc.

Existe, entretanto, uma terceira opção. Ela aparece quando assumimos o compromisso de modificar o resultado negativo. Com ela, abre-se o domínio da aprendizagem. O interessante é o reconhecimento que o domínio da aprendizagem tem por sua vez diversos caminhos.

Segundo Chris Argyris, a quem Leonardo Wolk traz em múltiplas oportunidades em sua obra, existe um primeiro caminho que chamamos "aprendizagem de primeira ordem". Trata-se de uma aprendizagem dirigida diretamente a expandir meus repertórios de ação e, portanto, dirigido ao cerne da ação no interior do modelo. Costuma ser uma das modalidades mais habituais de aprendizagem. Procura simplesmente responder à pergunta: Que devo "fazer" para obter um resultado diferente? Ou o contrário, que devo deixar de "fazer"?

Um segundo caminho de aprendizagem reconhece a possibilidade de não intervir diretamente no nível da ação, mas sim de dirigir a aprendizagem ao cerne do observador. Esse segundo caminho entende que para modificar as ações, é preciso modificar previamente o tipo de observador que somos. Chamamos esse caminho de "aprendizagem de segunda ordem".

Isso pode implicar muitas coisas. Entre outras, alimentar ao observador que somos com um conjunto de novas distinções para que possa ver o que hoje não podemos ver, e, a partir disso, agir de maneira que hoje não somos capazes. Esse é um procedimento habitual na prática do *coaching* ontológico. Mas, cuidado. A aprendizagem de segunda ordem pode ser também bastante superficial. Quando vamos a uma universidade, por exemplo, realizamos uma aprendizagem de segunda ordem. Lá, ensinam-nos novas distinções que nos permitem ver coisas que antes não víamos e agir de uma maneira que antes não podíamos. Quando aprendemos o uso de um novo software, ou quando nos ensinam um novo jogo, também costumamos adquirir novas distinções e, portanto, produz-se uma determinada mudança de observador.

Entretanto, no centro do observador que somos, existe um "núcleo duro" e, geralmente, muito estável. Ele está conformado por diversos elementos (distinções, juízos, emoções, posturas etc.) que definem uma maneira particular de estar no mundo. Uma determinada maneira de parar-se na vida, uma forma particular de fazer sentido no que nos acontece e da qual derivam padrões estáveis de comportamento. *Nesse núcleo duro, reside o que chamamos de alma humana. Essa forma particular de ser que nos caracteriza como indivíduos e que levamos conosco de uma situação da vida a outra. Aí reside também o que chamamos nossa particular "estrutura de coerência".*

Quando a aprendizagem penetra no núcleo duro do observador, uma nova modalidade de aprendizagem se inaugura, que chamamos de "aprendizagem transformacional". Isso implica a transformação das coordenadas estáveis e habituais do observador. Modificar esse núcleo duro altera nossa estrutura de coerência, tocar e ajudar a modificar a alma de outro ser humano é o objetivo último que encerra a possibilidade do *coaching* ontológico.

A interação do *coaching*, entretanto, nem sempre os conduz a isso. Muitas vezes, o problema que o *coach* deve enfrentar pode ser resolvido sem que seja necessário chegar tão longe. Outras vezes, o próprio *coach* limita o alcance de sua intervenção por circunstâncias diversas. Em algumas oportunidades, é o *coachee* que estabelece esses limites. Mas, pelo menos teoricamente, é um objetivo possível e, muitas vezes, necessário na interação do *coaching*. Nenhuma outra modalidade de *coaching*, além do *coaching* ontológico, tem a capacidade de chegar tão longe.

Termina com isso o trabalho do *coaching* ontológico? De forma nenhuma. Como expus anteriormente, a mudança do observador, com seus diferentes níveis de profundidade, costuma ser muitas vezes apenas o primeiro passo. Para conseguir estabilizar essa mesma transformação, o *coach* ontológico muitas vezes sabe que a mudança do observador é condição para um caminho ainda maior: a transformação do sistema. Por não ser nos sistemas, o *coach* sabe que é possível que as mudanças conseguidas no nível do observador podem reverter-se e acabar em nada. O sistema pode forçar o retorno dos mesmos comportamentos que procuraram ser modificados. Esse é, portanto, o destino de muitos programas de capacitação nas empresas. As mudanças introduzidas no nível do observador duram uma ou duas semanas e logo tudo retorna ao que era habitual no passado.

O DEBATE SOBRE APRENDIZAGEM TRANSFORMACIONAL

A expressão "aprendizagem transformacional" já possui uma história relativamente longa. Um de seus pioneiros é o destacado professor da Universidade de Harvard Edgar Schein, que inaugurou na década de 50 esse novo campo de pesquisa. Seus estudos se iniciaram explorando as experiências de "lavagem cerebral" que chineses e norte-coreanos praticaram em soldados norte-americanos durante a Guerra da Coréia. Uma vez liberados, muitos desses prisioneiros se mostravam como apaixonados defensores de seus carcereiros e do tipo de regime político que eles propiciavam. Como levar a cabo essa profunda transformação? Como produzir transformações tão radicais nos indivíduos? Essas foram as perguntas iniciais de Schein.

O número de março de 2002 da *Harvadr Busines Review* nos traz uma entrevista com Edgar Schein que tem o título de "Edgar Schein: the anxiety of learning". Interessante leitura. Depois de quase 50 anos de pesquisa no que muitos outros se incorporaram ao caminho aberto por Schein, este chega à seguinte conclusão: a aprendizagem transformacional só pode ser resultado de um processo que é inevitavelmente doloroso e, portanto, é muito difícil ou quase impossível de se alcançar. Após 50 anos, o programa de aprendizagem transformacional parecia terminar em bancarrota.

Compartilho da conclusão de Schein? De forma nenhuma. Mas, para argumentar contra sua conclusão, é conveniente relembrar as célebres palavras do filósofo francês Gaston Bachelard: "Um problema sem solução costuma ser um problema mal formulado". A chave, estános dizendo Bachelard, está no observador.

Aqueles que conhecem meu trabalho "sabem" que as conclusões de Schein são questionáveis. Sabem, por um lado, que muitos deles tiveram uma experiência de aprendizagem transformacional, como sabem, também, que muitos outros ao seu redor tiveram (e, portanto, sabem que é possível). Já o viram. Por outro lado, sabem que o processo de aprendizagem não foi traumático, ainda que nem sempre tenha sido fácil, e ainda que possam ter sido necessários alguns momentos difíceis nos quais tivemos de nos olhar descarnadamene. Pelo contrário, trata-se normalmente de um processo exuberante, marcado pelo entusiasmo e pelo assombro. E sabem que isso faz parte indiscutível de usa experiência, pois foi o que vivenciaram. Mas, para compreendê-lo, é necessário pôr em ação algumas das premissas da proposta "oficial" da aprendizagem transformacional. É preciso, por exemplo, que se "re-situe" o papel dos fatores emocionais e a importância da positividade na aprendizagem. A proposta de aprendizagem transformacional que fazemos se sustenta em uma experiência oposta em relação àquela que desencadeia as investigações de Schein e que seguem o caminho da privação e da negatividade. Nossa proposta traz a presença do corpo para a experiência, não para torturá-lo ou disciplina-lo, mas para libertá-lo do cativeiro que nós mesmos impusemos. Aprofunda as noções de observador e de sistema. Reconhece o caráter não-linear da ação humana e da própria aprendizagem. Busca sustentar essas aprendizagens nas "crises" do próprio aprendiz, naquelas situações em que este (e não outros) percebe como limitantes e obstruintes e em um impulso que ele (e só ele) é capaz de conferir a possibilidade de realizar seus sonhos. Nesse sentido, nossa proposta busca impulsioná-lo em direção a um nível mais alto de aspirações, em direção a uma maior ambição na conquista de suas próprias metas. Trata-se, portanto, de uma prática que o convida a gerar um tipo de trabalho, um tipo de relações pessoais e um tipo de vida melhores.

Em outras palavras, hoje acompanha o aprendiz não como uma figura sinistra do "torturador", do interrogador do campo de prisioneiros, do disciplinador impositivo que busca dissolver os limites que contêm e guiam os atos de vontade de todo indivíduo (todas as figuras centrais da aprendizagem transformacional de Schein e – precisa ser dito em voz alta – de algumas outras variantes da própria prática do *coaching*), senão como a figura amorosa do *coach* que opera a partir do respeito e da construção de confiança.

A Importância do Espaço Ético-emocional

Não é possível terminar essas observações sem abordar o tema ao qual o ponto anterior nos leva. Não existe nada mais importante na prática do *coaching* ontológico que propiciamos que o caráter do espaço ético-emocional a partir do qual a interação de *coaching* precisa realizar-se. Também não existe nada mais urgente que a reiteração desse ponto.

A proposta da ontologia da linguagem busca instaurar uma nova ética de convivência entre os seres humanos. A diferença fundamental entre o espaço metafísico e o espaço ontológico não é cognitiva, por mais importante que sejam as diferenças em seus pressupostos conceituais. A diferença fundamental está no domínio da ética. Já falei sobre isso uma vez. E repito. A diferença fundamenal reside na maneira como nos relacionamos com os demais e na maneira como nos relacionamos com nós mesmos.

O espaço ontológico coloca em seu centro a noção de respeito perante os demais, respeito perante a diferença. Até agora, conseguimos conversar relativamente bem, ao passo que o outro era mais parecido com nós mesmos. A comunicação funciona (e não sem problemas) enquanto maior seja aquilo que temos "em comum" com nossos interlocutores. Mas não sabemos comunicar-nos e conversar com quem é ou pensa de maneira muito diferente de como nós pensamos. A diferença tem-nos conduzindo historicamente pelo caminho da mútua desqualificação e invalidação. Chegamos, até mesmo, à demonização. Quando a conversa não é possível, seu lugar é inevitavelmente tomado pelas múltiplas modalidades que assume a violência. Essa tem sido a lógica que tem guiado até agora a História da humanidade. Entretanto, se queremos evitar a destruição de nossa espécie no planeta, hoje somos obrigados a rever esse caminho. A capacidade de violência que vemos hoje acumulada é capaz de nos aniquilar a todos. Existem momentos em que pareceria que nos precipitamos em direção a um final apocalíptico. Temos de nos deter.

A chave para fazê-lo está no respeito. Respeito entendido, seguindo livremente Humberto Maturana, como a aceitação do outro como diferente, legítimo e autônomo. O *coaching* ontológico se realiza a partir daí. Seu grande poder e sua capacidade para produzir resultados surpreendentes reside no reconhecimento da importância desse espaço ético-emocional. Para alcançar tais resultados, é indispensável contar com todo o impulso que o processo de transformação é capaz de conferir à pessoa que está no processo de *coaching*. De outra forma, o poder da proposta ontológica fica direta ou indiretamente comprometido.

As distinções e as competências ontológicas são, sem dúvida, muito poderosas. Mas nada garante que esse poder não possa ser utilizado para maltratar, para humilhar ou para manipular outros. Infelizmente, os exemplos abundam. Existem muitos, que falando jargões ontológicos e fazendo uso de algumas das distinções e competências que esta proposta desenvolve, utilizam-na para o seu próprio engrandecimento, para o enaltecimento pessoal ou para impor aos demais seus próprios pontos de vista. À medida que isso acontece, acabam fazendo o mal e comprometendo o conjunto da proposta. A rigor, continuam no interior de uma lógica metafísica, buscando impor aos demais suas supostas "verdades", e utilizando para isso um envoltório ontológico. São ontológicos por fora e metafísicos por dentro. O perigo disso não reside apenas no dano que realizam, mas também porque comprometem a esperança que levanta a proposta ontológica.

O poder maior da proposta ontológica, portanto, está para além de suas distinções, postulados e princípios, também não está em seu desenvolvimento teórico e de competências. O maior poder da proposta ontológica reside na capacidade de construir com o outro um espaço ético-emocional baseado em respeito, confiança e o compromisso irrestrito de serviço.

A prática do *coaching* ontológico é uma prática fundamentalmente ética. Nada é mais importante nela que a preservação irrestrita do espaço ético a partir do qual é necessária para ser realizado. Qualquer fator que possa distrair o compromisso de respeito do *coach* com o *coachee* precisa ser corrigido. Por ser uma prática ética – precisamente por ser –, o *coaching* ontológico é uma prática amoral. O *coach* ontológico não está ali para julgar ou condenar o *coachee* segundo seus critérios morais particulares. Está ali para procurar fazer sentido do outro, para compreendê-lo, para além das diferenças individuais que existam entre *coach* e *coachee*. Está presente para buscar servi-lo no cumprimento de suas aspirações frustradas mais profundas. Seu único limite é que os objetivos que o *coachee* busca servir com sua própria transformação expandam por sua vez o respeito como modalidade de convivência.

Weston, 15 de setembro de 2007.

BIBLIOGRAFIA

ARAUJO, Ane. *Coach: Um Parceiro para o seu Sucesso.* São Paulo: Gente, 1999.

ARDILES, Hugo. *La Energía de mi Cuerpo.* Buenos Aires: Agedit, 1989.

ARGYRIS, Chris. *Overcoming Organizational Defense.* USA: Allyn and Bacon, 1991.

________ e SCHON, Donald. *Theory in Practice.* San Francisco: Jossey Bass, 1974.

BENTON, Debra. *Secrets of a CEO Coach.* McGraw-Hill, 1999.

BROUNSTEIN, Marty. *Coaching and Mentoring for Dummies.* USA: IDG Books Worldwide, 2000.

COVEY, Stephen. *Los Siete Habitos de la Gente Altamente Efectiva.* Mexico: Paidós, 1996.

ECHEVERRÍA, Rafael. *Etapas y Procedimentos del Coaching Ontológico.* Newfield Consulting, 1998.

________. *La Empresa Emergente.* Buenos Aires: Granica, 2000.

________. *Ontología del Linguaje.* Santiago do Chile: Dolmen, 1995.

FLAHERTY, Jámes. *Coaching Evoking Exellence in Others.* USA: Butterworth Heinemann, 1999.

FLORES, Fernando. *Inventando la Empresa del Siglo XXI.* Santiago do Chile: Hachette, 1999.

GOLEMAN, Daniel. *La Inteligencia Emocional*. Buenos Aires: Jávier Vergara, 1996.

KOFMAN, Fredy. *Metamanagement*, 3 tomos. Buenos Aires: Granica, 2001.

MATURANA, Humberto. Prólogo de *El Cáliz y la Espada de Riane Eisler*. Santiago do Chile: Cuatro Vientos, 1990.

________ e VARELA, Francisco. *The Tree of Knowledge*. USA: Shambhala Publications, 1987.

O'NEIL, Mary Beth. *Coaching. Treinando Executivos*. São Paulo: Futura, 2001.

SENGE, Peter. *La Quinta Disciplina*. Buenos Aires: Granica, 1992.

________; ROSS, R.; SMITH, B.; ROBERTS, Ch. e KLEINER, A. *La Quinta Disciplina en la Práctica*. Barcelona: Granica, 1995.

STEPHENSON, Peter. *Executive Coaching*. Austrália: Prentice Hall, 2000.

VISCOTT, David. *El Lenguaje de los Sentimientos*. Buenos Aires: Emecé, 1997.

WOLK, Leonardo. "Cuerpo-mente, una concepción integradora", *Revista Argentina de psicodrama y técnicas grupales*, nº 1. Buenos Aires: SAP, 1986.

________ "Estratégias de acción en el ámbito empresarial" *Revista Alta Gerencia*, nº 2, Buenos Aires: Ediciones Interoceánicas, 1991.

YALON, Irvin. *El don de la Terapia*. Buenos Aires: Emecé, 2002.

Sobre o Autor

Leonardo Wolk é fundador e diretor do Leading Group, empresa de consultoria que implementa cursos de treinamento em *coaching executivo e organizacional,* assim como programas de *desenvolvimento de competências gerenciais* para construção de equipes de alto rendimento.

Obteve sua licenciatura em Psicologia na Universidade de Buenos Aires e cursou estudos complementares em pensamento sistêmico, *coaching* ontológico, psicodrama, aprendizagem organizacional e técnica e dinâmica de grupos, entre outros.

Em seu papel de docente, participou como convidado nos cursos de Organizational Leading Center de la Argentina (ITBA); ministrou aulas na pós-graduação em RH, disciplina Comportamento Organizacional (UCES), na disciplina Técnica e Dinâmica de Grupos (UBA), e foi professor titular de MBA em Recursos Humanos da Universidade del Salvador (USAL), disciplina de Negociação.

No caráter de consultor externo, colaborou ativamente na implementação e projeto dos cursos de desenvolvimento gerencial de Leading Learning Communities inc. na Argentina.

Seus programas de *Coaching,* Liderança e Aprendizagem Organizacional foram desenvolvidos na Argentina, nos Estados Unidos, na Dinamarca, na Espanha, no Brasil, no México e no Paraguai. Neles participaram empresas e organizações como *Telecom Argentina, Emmerson Process Management, Molinos Rio de la Plata, Sociedad Comercial del Plata, BBVA (Banco Francês), Ferrum-FV, Miniphone, Columbia Cia. Financeira*

S.A., Pelican, Bosch, Garbarino, Nextel Argentina, Boehringer Ingelheim, Telecom Internet, UOLSinetics e VF Latin America, entre outras.

Participou como painelista e expositor em encontros nacionais e internacionais em temas vinculados com sua especialidade e é autor de vários trabalhos nesse campo. Desde 1973 trabalha também como psicoterapeuta grupal e psicodramista. E desde 1988 desenvolve pesquisas na Argentina e no exterior sobre a teoria e prática dos grupos, liderança, *coaching* e trabalho em equipe.

Seus contatos:

info@leadinggroupla.com

www.leadinggroup.com

leowolk@arnet.com.br

(54-11) 4783-0769

Carisma

A Arte dos relacionamentos: Compreendendo os "gatos" e "cães" existentes em nossas vidas – uma analogia

Rico em aptidões práticas e de aplicação imediata, esse livro é completamente diferente de tudo que você já viu. Ele utiliza o conhecimento intuitivo sobre animais de estimação para ajudá-lo a desenvolver com fluência relacionamentos com qualquer pessoa com a qual você travar conhecimento. A obra apresenta resultados surpreendentes.

Esse livro é uma grande analogia entre "cães e gatos" e trata de tipos comportamentais. Um estilo busca agradar às pessoas e o outro responde somente a si mesmo. Esse livro é sobre o nosso equilíbrio com ambos os estilos; sobre ter áreas em que somos um estilo e outras em que somos o outro estilo.

O livro apresenta, de forma direta e por meio de histórias, dicas úteis para lidar com pessoas tanto no contexto familiar e social quanto no profissional.

Mais do que uma comparação perspicaz entre nosso comportamento e os de nossas contrapartes animais prediletas, a obra mostra que, modificando nosso comportamento, criamos nosso próprio êxito por meio de relacionamentos. Fazendo assim, influenciamos os grupos dos quais participamos. O carisma acontece quando, com flexibilidade, saímos da influência do poder e chegamos ao poder da influência.

Autor: Michael Grinder
Formato: 16 x 23
Número de páginas: 152

Lançamento

Pensamentos Determinam Vidas

Seu cérebro ao alcance de suas mãos

A obra pretende mostrar que nossas emoções são reflexos de nossos pensamentos e que se mudarmos imediatamente o foco de que estamos pensando, automaticamente mudaremos o modo como nos sentimos e o rumo de nossas vidas.

O livro é baseado em técnicas que já ajudaram milhões de pessoas em todo o mundo e revela como nossos pensamentos criam emoções que alimentam nosso sangue, determinando assim o nível de saúde que temos.

O leitor aprenderá a se livrar de pensamentos repetitivos que surgem sem nossa permissão e influenciam diretamente nossos estados emocionais. Trata-se de um novo método de condicionamento, para que seu cérebro possa aprender a pensar coisas que façam bem a você.

A autora nos auxilia a romper os obstáculos que nós mesmos nos impomos, e confiante nos orienta para encontrar nossa liberdade de viver de forma consciente no presente.

Como só o pensamento positivo não é suficiente para transformar sua vida, essa obra ensinará, passo a passo, estratégias e planos de ações para mudar como sente e o que faz em cada dia de sua vida.

Autora: Izabel Monteverde
Formato: 16 x 23
Número de páginas: 112

Coaching Prático

O Caminho para o Sucesso

O livro apresenta uma metodologia sólida e conselhos decisivos. Os textos espelham anos de vivência em consultoria e *coaching*. E, certamente, servirão não apenas para desenvolver a capacitação de *coaches* em fase de crescimento, mas também para promover a reflexão de profissionais mais experientes. Trata-se de um trabalho que, assim como um bom *coach*, motiva, alerta sobre obstáculos e mostra caminhos.

O leitor se beneficiará de várias maneiras: conhecerá um modelo completo e prático de *coaching*, tomará conhecimento de situações e casos reais, terá acesso a dicas e orientações, terá à sua disposição formulários e *templates* que ajudam a fixar a metodologia e a desenvolver o trabalho e enriquecerá a eficácia de seu trabalho profissional.

O livro é indicado para executivos de empresas, profissionais de Recursos Humanos, profissionais de gerenciamento de projetos, *coaches* profissionais, *coaches* iniciantes e os indivíduos em busca do *autocoaching*.

Essa obra apresenta um modelo que enfocará sua trajetória em direção a seus sonhos e, conseqüentemente, a seus objetivos. Um livro inovador, prático, didádico e holístico.

Autores: Paul Campbel Disnmore e
Monique Cosendy Soares
Formato: 18 x 25
Número de páginas: 144

Entre em sintonia com o mundo

Qualitymark Editora Ltda.
Rua Teixeira Júnior, 441 - São Cristóvão
20921-405 - Rio de Janeiro - RJ
Tel.: (21) 3295-9800
Fax: (21) 3295-9824
www.qualitymark.com.br
E-mail: quality@qualitymark.com.br

Dados Técnicos:

• **Formato:**	16×23cm
• **Mancha:**	12×19cm
• **Fontes Títulos:**	Humanst521 BT
• **Fontes Texto:**	Palatino
• **Corpo:**	11
• **Entrelinha:**	13,2
• **Total de Páginas:**	216
• **4ª Reimpressão:**	2016